Poesía
para todos los días

2020

ISBN 978-958-48-8389-6

 alejoisfenix@gmail.com

 /poesia.alejofenix

 @alejoisfenix

Agradecimiento fundamental a todos los que han vivido
experiencias y han compartido su vida conmigo.

A mi papá, Antonio Echeverri, y a sus productivas charlas
y consejos útiles sobre la vida.

A mi mamá, Flor Gómez, mi ángel protector, que con su
fortaleza y amor me salva la vida.

Tabla de contenidos

Prólogo

Poesía para todos los días es el primer libro del autor y básicamente es una antología de 80 poemas, en los cuales se plasman ideas, emociones, pensamientos e historias concebidas a través de distintos movimientos poéticos.

Los versos que se exponen en este libro no solo resaltan las ocurrencias de vida del autor: amores, experiencias, anhelos... Aunque algunos de los poemas nacieron de esto y son creaciones líricas únicas, la tendencia va hacia una redacción que habla de lo general, cosas que le han ocurrido y cosas que no.

Cada composición fue escrita con muchos matices, en ocasiones de situaciones que existieron, otras que quizás existan o posiblemente le ocurrieron a alguien más. También están los versos que manifiestan pensamientos o reflexiones de algún momento particular de la vida; sin dejar de mencionar poemas que cuentan historias fantásticas, siempre con un único objetivo de brindar alguna experiencia nueva al lector.

Si bien todos los poemas son el resultado de un ejercicio consciente y se construyeron de manera individual, se crearon en esencia de la inspiración del autor o por la petición de alguien en particular.

El día que te tenga

Arrúllame en silencio,
al son del tenue eco de tu palpitar,
como anhelo tus suaves labios rozar,
contemplar tus finos ojos
al amparo de una luna ancestral;
ella, la mujer que agrieta mi corazón,
por la que padezco cautivo sin uso de razón.

Algún día me querrás,
ganaré tu corazón,
me vestiré de tu piel,
sentiré por un instante
la fragancia perpetua de tu ser.

Al viento sueltas tus cabellos,
al sol se refleja su dorado color.
Como un loco siempre escoltaré
cada paso que delante de mí des.
El día que me quieras prometeré...
que ni en pensamientos seré infiel.

Desde la verde selva te pensaré,
un río caudaloso algún día bañará tu piel,
nos miraremos fijamente a los ojos
y solo versos a ti declamaré,
besaré tu cuerpo hasta enloquecer,

luciré presto y cálido
cuando entregues todo a granel.

El día que te tenga
no volveré a ser un galán,
seré un preso de tu belleza
y firme amante a tu deidad,
endulzaré tus cálidos oídos
con versos y sonetos
que solo a ti serán dignos
de siempre promulgar.

La velada que yo quiero
solo tú me la puedes otorgar,
una noche estrellada y serena
serán testigos de lo mucho
que puedo llegar a entregar,
haré un gran poema en tu nombre
que solo tú podrás descifrar.

Un tango por un poema

Danza alegre al son del bandoneón,
sigue el paso y despreocúpate del amor,
eres tú quien renace y crece del folclor,
danza osada en tablados de salón.

Abraza estrecho a quien enfrente te miró,

acercarte con tenue caminar tanguero,
con corte, quebrada y sutil improvisación,
enlázate estrechamente a noches de exhibición.

Suspira entre notas de los versos del cantor,
el corazón llora las penas bohemias
de un tango que endulza la angustia del dolor,
hermosas memorias del ayer emergen del edén,
donde un poema saturado de inmensa pasión
persigue el pecho herido de un ruiseñor.

Un tango milonguero en la huerta de Palermo,
los balcones y el color de la "Calle Caminito",
enamoran la ilusión de viajeros soñadores
por sentir guitarra, piano y un notable bandoneón.

Inmortales composiciones que el tiempo conservó,
un tango por un poema, un beso por un adiós,
la oda clemente de los versos de un gran cantor,
aquellos que fueron tiempos de gloria y encanto,
hoy recuerdos en el zaguán de la mustia ilusión.

Mi Buenos Aires querido recordando al zorzal criollo,
Cambalache, Malena, Yira Yira o Mano a Mano,
por nombrar algunas joyas del tango del pasado,
Argentina pueblo gaucho y adorado,
espero nunca muera ni mi vieja ni el tango.

Solo a ti, por ser mujer

Es la mujer un maravilloso ser que solo Dios podría conceder,
interprete fiel del lenguaje del amor con su delicada piel,
ángel guardián de los sueños que cobran vida en cada amanecer;
con cada sutil mirada incendia el espíritu de un nuevo atardecer,
con una simple sonrisa hace que el tiempo deje de correr.

Mujer, cuán excelsa es tu nobleza cuando entregas todo tu ser,
tu amor es inagotable cuando combates por un sentimiento fiel,
con cariño tiñes las heridas que dejan aquellos
que no saben querer.
Mujer, eres mucho más que simple belleza que deleitas de placer,
eres sensatez, prudencia y madurez que sólo pocos saben entender.

Con tus desbordantes rizos atrapas a cuál afamado y noble rey,
con tus adictivos labios embriagas de demencia al más férreo ser:
tú... eres oasis que calma la sed de un sediento cordel,
tu silueta enciende la llama y desvela el sueño
de aquel que anhela tu miel;
tus ojos profundos sesgan las ilusiones furtivas
por solo volverte a ver.

Mujer, sinónimo de amor y ternura infinita
que solo tú sabrás exponer,
aquella a quien precede una flor
y delante de su sombra no existe el dolor,
aquella que nada guarda,

salvo las lágrimas que jamás debiera de verter.

Verla desnuda es recordar que no existe manjar

que la pueda remplazar,

que no existe fragancia alguna que pueda superar

el aroma que dejan al caminar.

Sólo a ti por ser mujer,

por ser el refugio perfecto que administra todo a granel,

tú, como nadie más,

la dueña de una sensualidad que generas siempre gran debilidad,

la que sufre cuando espera en silencio,

la que entrega su vida ignorando el exceso,

aquella que con sutil encanto perfuma el celeste

y enamora con su tierno llanto.

Mujer, eres refugio de caricias que enamoraste a sol

con tus delicados labios,

eres digna de estos simples versos

que quedan cortos al pretender expresar,

el inmenso privilegio que es precisar

lo exorbitante que eres en realidad.

Mujer... Gracias por estar aquí,

por ser particular, por ser simplemente un ser

que cualquier hombre eternamente estará obligado a valorar.

Naturaleza Promiscua

Soy ducho en pasiones, ardiente en la llama única,
particular, ancestral, candente y tímido,
presente en la garganta de las afortunadas,
ligero y sosegado en las noches más oscuras.

Ebrio por caderas anchas y generoso en caricias,
corrompido hasta la muerte, rebelde a escondidas,
cimentado en el frenesí de la diversidad divina,
locamente cargado de lujuria por tiernas señoritas.

Amo y esclavo de una naturaleza promiscua,
encadenado a su áspero olor cada 30 días,
como un halcón que desdobla sus alas,
así yo abro muslos fecundando dicha.

Revoloteando de flor en flor, cual colibrí degustador,
un desesperado de eco soez que perdió la razón,
el que todo lo tuvo y hoy prueba un solo girasol,
que cruje en deseo, ansiedad y pasión.

He aquí un ausente que aún le tiembla el pantalón,
de ojos profundos y amplios brazos que dan calor,
ave blanca que el tiempo deterioró,
promiscuo de mil aventuras y besos sin control,
con manos peregrinas y lengua viajera
con cuerpo de cobija y adicto a la indecencia.

Psicópata Del Dolor

El silencio apremia el dolor que no cesa de calcinar,
los gestos sucumben en el sigilo de un tenue respirar,
en pocos segundos mi alma morirá de ansiedad,
aquellos amargos momentos a mi lado partirán.

Dejo atrás una vida ligada a falsos amigos y a una cruel realidad,
de niño recuerdo que soñar me permitía escapar de la falsedad,
un profundo hedor a sangre es lo que la madurez me logró enseñar,
ahora alimento la turbia realidad con la luz de una negra oscuridad.

Cómo lograré exterminar la maldad que por mis venas corre,
grité a cuatro vientos y el veneno de mis manos no se va,
el dolor recubrirá mi cuerpo y los pecados a sangre pagarán,
la aflicción que engendra mi corazón
forjó al demente que jamás sanará.

Fallé en convertirme en un ser que solo buscaba superioridad,
jamás anhelé que tan solo unos pocos me lograsen aceptar.
He creado un reino donde solo demonios sobreviven a mi maldad,
vivo en penumbras donde el temor se apropió
de mi cordura natural.

¡Por qué demonios este dolor no expira de una sola vez!
sería simple vivir sabiendo que morir es más fácil que envejecer.
Fue hermoso participar de este mundo que ahora tiende a perecer,
espero no lloren por mí cuando sea cenizas y no pueda volver.

Tanta rabia como frío emerge de mi cuerpo y corazón,
son pocos los momentos que mi piel percibió alguna excitación,
un tenue levitar relaja mi interior y me permite comprender
que de nada sirve vivir si no se experimenta el dolor alguna vez.

Secreciones de sangre emanan de mi contaminada piel,
la carne de mi corazón no resiste y tiende a desaparecer,
mis labios yacen resecos por el veneno que jamás dejé,
ahora solo mis descoloridos ojos son la fuente de todo mi poder.

Lo que aún conserva mi vida es que todavía queda fe,
saber que soy: solo un triste psicópata que intenta renacer.
Deseo que este gran dolor desaparezca y sea lo que fui alguna vez.

Recuerdos que pasan a través del espejo

Disfruto del hoy, anhelo el mañana,
recuerdo el pasado, descanso en mi almohada,
mi piel envejece, mi alma se ensalza,
las noches más frías, cada año que pasa
mantengo la fe y conservo la calma,
persigo los sueños que arden en llamas,
quisiera que el tiempo fuera solo una farsa,
conquistar corazones, acabar con las trampas.

Pasan los años, el tiempo se acorta,
los pájaros cantan, se abrevia la aurora,

la lógica surge, la infancia se extingue,
el tiempo evoca las viejas derrotas,
los labios se secan, fallecen las rosas,
se arruga la frente y descuidas la forma,
beso a mi madre cada noche que llega,
esperando que nunca de mi lado se fuera.

Sigue la vida, los sueños se quedan
pides perdón por las canas que llegan
castigan los años, caminas en piedra
el espejo no miente, es juez sin nobleza
criticas tus rasgos, elogias tus metas
sigues inmerso en placeres de ferias
nuevos achaques reflejan las guerras
te sientes vencido y cómo los años pesan.

Persigo utopías, alivio dolencias,
olvido consejos, los reflejos se alejan,
¡qué duro es crecer!, adquiero experiencia
más cruel envejecer, pues la rutina pesa.
Te esfumas juventud, qué ingrata compañera,
qué difícil es vivir, qué compleja es la existencia,
sencilla para algunos, compleja para otros,
al final la vida es tan solo un paso transitorio.

Recuerdos que pasan, destrozan la mente,
corres, sonríes y saltas, evocas placeres,
culminas el juego, pierdes de nuevo,

el presente no escucha, quebrantas deseos,
no entiendes de hechos, maduras del suelo,
creces y vives y jamás comprendes...
Que vivir es morir y morir es por siempre,
dura realidad, pero se elige el presente,
un presente difícil, un presente terrestre,
donde el alma es de carne y los huesos de hierro
y la piel finalmente es prueba de que nada es por siempre.

Aún te sigo amando

Pretendí apartarte lo más lejos de mi vida,
intenté olvidar por completo cómo llegaste aquel día,
aquellas noches que te cuidaba cuando tú dormías,
manantial de besos que desbordábamos como suicidas.
Es inútil pretender olvidar las pasiones consumidas,
inadmisible afirmar que soy feliz desde tu partida.

Ahora solo lloro las penas de mi intensa agonía
acompañado de la inmensidad de tantas noches frías,
marginando mi rostro con el matiz de nostalgias divididas,
caminando tan solo y triste e invadido de múltiples heridas.
Aun te sigo amando, aunque ya no hagas parte de mi vida.
Aun te extraño, sin saber dónde estás y si regresaras algún día.

Mentiría si pregonara que mi vida es igual desde tu huída,
que no duele el corazón y el no lograr superar tu alegría,
sería más fácil mirarme al espejo y engañarme cada día.

El saber que te di mi respiración y todo lo que más podía,
comprender que tu inconsciencia fue la raíz de mis mentiras,
al final me dejaste solo y sin el placer de estar en tu compañía.

Lucharé por recobrar el amor que naufragó a tierras perdidas,
el sabor de tu cuerpo cada vez que nos veíamos a escondidas,
aquellos sentimientos cambiantes que surgían de tonterías,
dejar atrás todo orgullo y que vuelvas a ser mi única consentida,
retomar la intensa angustia e incomodidad por ser tan apetecida,
que regreses a mi vida y abordemos una nueva fase definitiva.

La dueña de mis versos

La dueña de mis versos no ha llegado aún,
la espero como un loco, sé que un día llegará.
Las heridas de viejos amores no han querido sanar,
los labios yacen marchitos por no poderte encontrar.

Cómo hacer para hallar aquella que me colmará de felicidad,
con quien pueda cercar y fundir un idilio mágico de divinidad,
presiento que muy pronto a mi vida has de llegar,
tú, la que cerrarás mis heridas con un amor incondicional.

Sollozan mis manos porque a mi lado no estás,
mi esperanza tiene su último suspiro de credulidad,
sé que algún día vendrás, musa de mi corazón,
los pájaros cantarán a tu bienvenida,
sol y luna danzarán por la futura ocasión.

¡Sé que llegarás!
La noche se vestirá de fiesta para los dos,
envueltos en un crepúsculo de adoración
donde solo Dios será testigo del inmenso amor.

De un gran amor... Solo cenizas quedan

Así, como grises cenizas atestiguan pasiones consumidas
de antiguas relaciones,
solo una vieja hoguera será el medio para echar a quemar
añejos corazones.
Después de tanto soportar
las penas que hieren vilmente a mi alma sin piedad,
recojo las cenizas que de amores quedan
y que solo al viento logran expirar.

Ya no podré ni perdonar las gratas memorias
que simplemente quisiera olvidar,
aquellas ruinas que juntos formamos
y que solo en cenizas pueden descansar,
la amargura de antiguos amores que solo en calvario
transfiguraran mi felicidad,
donde mi alma solo hallará saciedad con nuevos amores
y una gran inseguridad.

El amor que como fuego arde,
irá de un fulgor ardiente a cenizas desechables,

de una brasa en opresión a atizar el resplandor
de nuevos brotes de pasión,
de un sol que irradió, un fuego que quemó
y la luna que soñó con un futuro prometedor,
de una estrella que brilló y finalmente en escombros todo terminó.

Donde arde la leña seca,
quedan restos delirantes de cenizas que eternamente laten,
como chispas destellantes que logran siempre emerger
de soplidos finos y elegantes.
Este miedo de verter las cenizas al olvido,
el asombro de extinguir los recuerdos más queridos,
queda solo recordar los instantes de ardor
por el fuego sin control de noches de fulgor,
de algo que pudo ser y finalmente solo fue...
Cenizas que jamás debieran de renacer.

Aventura de carnaval

Inolvidable para mi corazón
fue el haberte conocido sin precisar amor.
Eres un verano de pasión que se extingue como el día que surgió,
con una tenue sencillez lograste saciar
el hambre que corría por todo mi ser,
la hoguera, que de sentimientos y anhelos
afloran dentro tu corazón,
fue como la fruta prohibida para lograr forzar una precoz relación.

La sed que desprendió de todo ese amor,
colmó el vacío de un inicio sin razón,
mientras los cuerpos hallaban gran satisfacción,
las almas yacían sin salvación.

Te fuiste transformando en el complemento indispensable
para mi triste corazón,
logrando que nuestros cuerpos se fundiesen de pasión
por el efecto de aquel licor.

Hoy solo queda olvidar,
tú queriendo continuar y solo una noche pudiéndote entregar,
una noche de locura,
fugazmente solo existió un carnaval de deseos, una aventura,
maravilloso fue conocerte y obedecer aquel destino
que cruzara nuestras vidas.

Ahora solo queda el umbral que llevó a nuestras almas
a un mundo mágico de fantasías,
donde trágicamente se logró un objetivo
que tendió a estimular nuevas travesías.

Sólo queda crecer y trascender todas esas utopías
que son imposibles en nuestras vidas,
la nostalgia que resulta de mi despedida será la iniciativa
para aquellas historias no vividas.

Faltan caminos inciertos por recorrer
que traerán veranos de pasiones y nuevas desilusiones,
fuiste la dueña de un presente de pasión,
forjando un profundo e intenso nido de ardor
que acorraló a mi piel y tentó a mi corazón
por el discreto lenguaje de tu seducción.

Si se forjaron sueños por recorrer,
sabes que a mi lado todas las ilusiones tienden a perecer.
Vencimos innumerables miedos enmarcados como recuerdos
que siempre preservaré.

Aquello que comenzó como una noche más de calor,
despertó desenfrenos en mi piel y corazón,
se estableció un comienzo que no trascendió,
un seguimiento que no tuvo fundamento ni razón,
lo que ayer comenzó como un futuro prometedor,
hoy ante tus ojos todo término.

Queda prohibido tratarte de engañar,
lo que se vivió fue algo sin principio y mucho menos sin final,
un amor de verano, una aventura de carnaval,
al final solo quedan lágrimas y un triste malestar,
nadie puede afirmar que sea fácil de superar,
solo el tiempo logrará silenciar todo ese mal,
pero siempre recordaré que fuiste el mejor carnaval
que mi cuerpo nunca podrá olvidar.

Honestamente creo en ti

Sinceramente siempre he creído en ti,
pero ¿has dudado alguna vez de mí?
Estoicamente permanezco siempre a tu lado,
lealmente a tu vera estaré eternamente,
a través de los años nunca dejaré de estar presente
cuando tú ausencia requiera de mí,
por siempre y para siempre llámame,
allí estaré con gran placidez y gozo solo para ti,
presumo de ser alguien honesto y leal
que conjuga un te quiero con la mayor sinceridad
¿Cómo lo puedo expresar? ¿Qué puedo decir?
Honestamente solo tú me haces feliz.

Sinceridad transcribe este verso en discernir
que nunca traicionaré tu confianza en mí.
Llegaste a mi vida y desde entonces opaco mis miedos
simplemente creyendo en ti,
escribiré versos que me recuerden por siempre
el hecho de que sinceramente soy feliz,
en mi interior existe un lugar vacío
que en ocasiones se ilumina cuando tu estás cerca,
confió en siempre dar lo que se necesita
cuando tenga que hacerle frente a tu mentir,
conservo un sinfín de palabras que hieren el matiz
de la verdad más sutil.

Déjame ser la verdad más grande
que puedas hallar sin razón alguna,
despierta tu credibilidad sin arrepentimientos y temores
por mi humilde compañía,
explora tu corazón, retén el viento de los posibles suspiros
por el misterio de mí sonreír,
aunque no puedas ver lo que mis ojos ven,
cree lo que mis palabras traducen por ellos,
no creas nunca de mí lo que posiblemente siempre has creído
de multitudes sinfín,
mi apariencia que venció tu identidad
no podrá olvidar tu confianza incondicional.

.

Continuamente hablo con honestidad,
indicando el patrón funcional de mi única verdad,
he aprendido a fingir las más bellas realidades
sesgadas de falsedades inestables,
descanso mi alma en la expresión de lo que siento
sin hallar culpa de lo que pienso,
apelo a la realización de lo que pienso
desconfiando a gran escala de todo aquello que siento.

Por siempre recordaré que esa solitaria honestidad
es como el agua que no brinda saciedad,
es como una frívola y modesta pizca de sal
que jamás pasó por un proceso de calidad,
honestidad como el valor de actuar conforme a la verdad,
viviendo siempre con profusa humildad.

Alejandro Echeverri

Su veneno seguirá presente

Par de ojos negros,
silueta excitante,
dejaste en mí un veneno
del cual jamás podre librarme.

En todas las mañanas
tu veneno siempre está presente,
intento olvidar y más aún presiento
que nunca lograré superar tu recuerdo.

Como olvidar tu sonrisa,
si tus labios aún los siento en pecho,
no me nace intentar con otra
lo que contigo tuve en exceso.

Tu mirar tan triste,
un adiós inesperado,
qué mal que me has causado
por no seguir aquí a mi lado.

Dios perdonará tus pecados
el haberme dejado,
por ser tan inconsciente,
por el virus que me has legado.

Cómo puedes ser tan bella

y a la vez ser tan malvada,
aún guardo entre mis venas
la toxina que me tiene anonadado.

Ficticios besos compartidos
asistidos de falsas caricias y llamadas,
mi alma fue vilmente traicionada
por entregar todo y no esperar nada.

Cómo trascender aquello que ha dolido,
cómo vivir entre un pasado que ya se ha ido,
ahora miro a la luna y solo enmudezco,
miro al sol y no comprendo los hechos.

Su veneno yacerá por siempre en mis venas,
el dulce cianuro de su amor en mi corazón
y el amargo y tóxico recuerdo de su ausencia.

Vestigio de un error

Sé que no puedo presumir de ser una persona perfecta,
que existen infinidad de cosas que quisiera no haber dicho,
que muero por pronunciar las cosas que nunca has sabido de mí,
más sé que soy absurdo e insensato
por esconder las verdades que me hieren,
las palabras que me orientan y confunden
y me dejan solo por pensar que sigo aprendiendo
en este nuevo camino de felicidad.

Nadie como tú que me inspira alegría

y aviva en mí una gran armonía,

basta solo tu mirada para mi corazón palpitar cada día,

recuerdos, enmarcados en mi alma tienden a sucumbir de ansiedad.

He hallado una nueva razón para cambiar lo que nos pudo lastimar,

una razón para comenzar de nuevo

y que sacie mis sentimientos de felicidad,

una razón que se encarna en mujer y que ahora no está.

Solo queda por dominar aquellas tempestades

que nos quieren derrumbar,

centrarme en tu mundo y ver cómo una nueva semilla crecerá,

que se extingan los malentendidos

y que todo vuelva a la normalidad,

que desaparezcan los inconvenientes para nunca retornar.

Ven, abrázame esta noche

cuando el ocaso llegue a su cúspide catastral,

cuando al ritmo de mis deseos dancemos en libertad.

Ignoremos el pasado y revivamos los instantes

que nos dieron saciedad,

bebámonos sedientos todas aquellas pasiones que dejamos atrás,

besémonos los labios hasta que la aurora desista de admirar,

marquemos el inicio de un nuevo comenzar,

amémonos hasta las estrellas y perdámonos en obscenidad.

Perfecta equivocación

Aquí estoy, en la cama equivocada por primera vez,
pensamientos imposibles de mi pasado
hoy se hacen realidad ante mis ojos,
he pasado ya bastante tiempo con este interrogante
de aceptación social,
pero simplemente deduzco que es solo un juego
el cual no me es posible ganar,
respiras suave y tiernamente sobre mi piel de manera angelical,
y por cada respiración proporcionas quemaduras
que traspasan mi coraza y llegan hasta mi corazón,
dejando un confuso deseo de recordarte a cada momento.

Allí estás, impidiendo que cada momento lleve impreso tu corazón,
guardas tus emociones para los días de tormentas y catástrofes,
retienes tus besos solo para los momentos de gratitud,
brindas oportunidades nulas a los vientos de cambios del presente,
retienes tus instintos por no comprender
el valor que tiene tus nuevos hallazgos,
buscas perfección en un recipiente rebosando de dulce miel,
solo acaba de una vez, censura tu corazón,
destruye la historia y cierra la puerta.

Has necesitado de lo erróneo alguna vez en tus cortos días,
has deseado querer a alguien el cual te es imposible de tener,
has luchado tan fuerte que sientes como tu mundo
se derrumba ante tus ojos.

Pues bien, tú eres aquella que, sin pensarlo,
deseo tener a cada instante.
Eres aquella, que comencé a querer sin un factor físico involucrado;
eres aquella que llenó el vacío de mi corazón
con una extraña manera de amar;
eres el todo de una vaga colisión entre el amor y el odio.

Ahí vas, conjugando promesas imposibles
con acciones prometedoras,
siempre queriendo ir más allá de todas tus posibilidades,
adictivo es el veneno que corre por tus venas como una droga;
diferente fue el factor que le adjudique a tu comportamiento;
mala es la acertada hipótesis que sale de cada una de tus acciones;
cariño y ternura son tu peor defecto de beneficio hacia el amor.

Ahí voy, sin intenciones de luchar contra el destino,
sonrisas y lágrimas son dignos componentes
de un verdadero sentimiento,
felicidad es el fármaco que le brindas a mi vida cuando sonríes,
tus desenfrenos me recuerdan que eres la dueña de mi sensatez.
Sin ti, el corazón no arde de pasión por vivir cada día
ofreciendo lo mejor.

Deseos de imposibles le adjudico a tu cálido y delicado cuerpo,
vientos de superación veo en tus ojos cada día con más fuerza.
Amor, define lo que mi alma clama a suspiros por ti en el silencio.
Gracias... Infinitas gracias por haber arribado a mi puerto.

Acrónimo de sentimientos

Cuando arriba la aurora
ella está presente en mi mente,
mi corazón vibra fuertemente,
mis manos extrañan su textura.

Ahora, ella es todo lo que soy
el lugar donde caigo en locura,
solo lee las líneas de mi rostro,
allí encontrarás mi cordura.

Todo hubiese sido tan fácil
sí solo me hubieses buscado,
no deseabas hablar de amor
con un viejo perro trillado.

Alejó el pecado de mi pasado,
con ella no quiero ser un sabio,
simplemente un buen hombre,
no un gran poeta, ni un santo.

La noche es grata a su lado,
un diablo en carretera absuelto
un amante ideal para sus labios.

En el templo de su cuerpo
caigo de rodillas anonadado,

ella cata a ciegas mi piel
devorando a besos mi regazo.

Juro estar ahí donde te fallaron,
te daré el afecto que has buscado,
mi secreto está a salvo contigo:
triunfaremos sin algún reparo.

Olvida los falsos "te amo",
déjame permanecer en tu vida,
permíteme ser tu mejor regalo,
el mejor amigo que ahora llena...
el vacío de un cuerpo no aprovechado.

Vivir Para Solo Viajar

¿Qué has hecho en tu vida?
Has bebido, comido y dormido,
trabajas para otros por dinero,
pleiteas más que ningún otro
con una existencia de vicisitudes
y simples afanes de estar conociendo.

Pero no has gozado del presente,
jamás te has definido en lo que haces,
tu alma solo vive para el mañana, el futuro,
con vanas ambiciones que frenan los impulsos,

el dulce manjar de tus aventuras y viajes
son la mezcla del acre sabor de tu destino.

Y hoy mismo ¿en qué piensas?
En mañana, en el viaje adelante,
el porvenir que impide gozar de lo simple,
contemplar las hermosas montañas,
respirar el dulce aire del presente
o ver ese pájaro encantador al pie de la ventana.

¿A esto llaman las nuevas generaciones vivir?
Es viajar con alma o vivir para solo viajar.
De tus años pasados en la tierra
no quedan más que cenizas de esperanza,
los triviales anhelos de estar conociendo
y la triste realidad de solo estar alardeando.

Si aún no me amas... miénteme

Quiero ser el único que haga todos tus sueños realidad,
aquel que estará esperando el siguiente paso en la amistad,
quiero afrontar a tu lado las más perplejas situaciones
que la vida nos pueda destinar,
pero sé, que en este mundo frígido y catastrófico,
siempre existirán obstáculos,
dime que serás valiente y ante las dificultades sobrevivirás
y que en tu corazón jamás la lástima y el odio habitarán.

En mí, puedo prometer
que siempre encontrarás buenos sentimientos,
pero si aún no soy aquel que te trasnochara de pasión
miénteme sin compasión,
ya que para mí eres la única mujer que aguarda mi abatido corazón.
Ven, quédate conmigo; miénteme...
dime que me quieres, que soy único,
ya que las palabras que en algún momento se digan,
significarán mucho para mí,
la verdad, creeré cada palabra con inocencia;
por eso miénteme con cuidado, hazlo con cautela,
recuerda que tendrás mi corazón en tus manos.

Atiéndeme con amor,
déjame pensar que soy aquel al que quieres entregarle tú corazón.
No obstante, si aún no me amas... miénteme,
dime que me adoras, que soy inimitable,
en mi penosa posición;
la sinceridad será solo simbolismos que perderán su valor;
la sinceridad se convertirá solo en una verdad parcial,
en un mundo mágico para mi bienestar.

Al final, miénteme como lo haces con todos los demás,
hazme pensar que muy pronto vendrá alguna recompensa,
que algún día todas estas mentiras se harán realidad.
Deja que todo se derrumbe si es que así tiene que estar.
Aunque me mientas pensado que tengo inmortalidad,
mi piel se marchita y mi alma no resistirá tu crueldad.

Tres Veces Perdón

Perdón por no quererte,
por ser sombra en la luz,
por ser tormenta en la calma,
por decir NO cuando era SÍ.

Perdón por no adorarte,
por ser amigo y no amante,
por ser ogro y no príncipe,
por pensar en mí y no en ti.

Perdón por no amarte,
por ser infiel a tu cuerpo,
por ser esclavo del vicio,
por simplemente dejarte ir.
Perdón, perdón, perdón…

Maleficio de alcohol

Labios que hurgan en el licor
jamás degustaran del sabor de lo divino,
sepulcro viviente de la demencia voluntaria
del deleite de lo prohibido,
calidez de los festejos que residen en los excesos de lo nocturno.
Alcohol, provocante de desenfrenos que yacerán en el olvido.
Olvido, como apaciente efecto que causó la frustración
de lo no cumplido.

Nunca una frase célebre brotó de mi boca
con los efectos de este maleficio.
Casualmente devastas la razón
constituyendo la abreviación de la naturaleza interior,
suicidio transitorio que constituye un efecto momentáneo
de efusión por su ingestión,
variedad en mi conducta surge en ocasiones
cuando los deseos prevalecen los sentidos,
inspirante de atrayentes esperanzas
para aquellos que precisan un nuevo goce en el alma,
aunque por virtud se reciben consejos con alcohol,
una decisión nunca es precedida de licor.

Brebaje aturdidor que no precisa de guardar
secreto alguno ni cumplir lo dicho,
arrogante néctar que disipa el saber
e incita ilusorias fascinaciones sin repulsa,
confundes la sensatez y opacas la timidez
con influencia abismal de lo que no está bien,
con tu presencia se enciende el prematuro juzgamiento
de la tan temible vejez,
llanto del adicto y deleite de aquel que goza de tu narcótico sabor,
causa y a la vez solución de todos los problemas de la vida
de aquel que busca satisfacción.

Antioxidante que eliminas impurezas
y proporcionas unos segundos más de vida,

bebida adictiva que gobierna el júbilo de la
diversión con su sedante sabor,
mucho más que una simple bebida que solo
conlleva un amplio espectro de efectos absurdos.
Gratificante sustancia que endulza mi paladar
y desinhibe mi cuerpo cada vez más,
embellecedor de lo amorfo que garantizas placer
sin los ojos como jueces del saber.

Gota a gota tu afrodisíaco sabor causa desenfrenos
en los momentos más cálidos del amor,
yace ahora en mis manos tu esbelta figura,
siempre cálida y fiel a mis dictaduras,
incondicional compañero, presente donde algunos fracasan,
pero donde tu esencia no falta.

Química prohibida

Temo por nuestras miradas ante la población,
protones con carga positiva de pasión y ardor,
es notoria nuestra energía de besos sin control,
jugar a estar despierto para no caer en tentación.

La química de átomos con frenesí es fuerte en reacción,
beso tus labios y cuello con deseo y descontrol,
diluyo mi mirada en tu cuerpo y agonizo de emoción,
difícil aceptar la acidez de una infidelidad por fruición.

Hicimos química prohibida por probar lo que no está bien
quebrantando las moléculas del núcleo de una bella relación,
tenemos toda la disposición de seguir pecando sin aflicción,
espero que este mar de emociones no concluya en dispersión.

Una mezcla de dulzura y locura resume nuestra situación,
dos corazones palpitando al ritmo de un secreto sin razón,
la piel busca la excusa para romper la rutina y el confort,
los labios hallan saciedad cuando encuentran diversión.

La invariabilidad fuerza al alma a buscar una nueva saciedad,
la alquimia de tu cuerpo clama hoy por un camino de obscenidad,
mi gastada coraza de hierro abre espacio para un nuevo material,
en cada noche piensas en mí y yo siento que es verdad.

Nuestra química está prohibida, no tiene ni principio ni final,
con un gran interrogante de no saber dónde vamos a parar,
un sentimiento puro, sin deseo alguno de generar malestar,
anhelo viajar en el tiempo donde éramos libres de verdad.

Si Tuviera Una Mujer Como Tu

Eres mujer:
joven e inocente con algo de experiencia en el corazón.
Tu confusa y a la vez maravillosa forma de ser
resaltan aún más tu belleza y el resplandor de todo tu ser,
siempre demostrando pasión por todo aquello
que te brinda satisfacción.

Eres mujer:
sin miedo de decir lo que siente
y de expresar lo que le molesta sin mayor dificultad,
mágico es el amor que debes de compartir
y abrumador debe ser un pedazo de tu corazón,
conjugado con el cálido sabor que tus besos deben significar.
Afortunado yo, de haberme encontrado entre la multitud
a una mujer como tú.

Una mujer como tú,
que puede donar su corazón en nombre del amor,
otorgándolo de forma celestial sin alguna restricción,
si no existiese alguien como tú,
probablemente vagaría por calles vacías
buscando lo que seguro sería imposible de hallar en estos días,
logrando solo que le roben a mi vida
la virtud de ser feliz en tu compañía.
Más aún es grandioso que en este mundo desleal y hostil
existan estrellas que impregnen de prosperidad
a cada ser viviente que anhela salvación
en este pérfido mundo minado de tanta perversión y corrupción.

Mujer,
en realidad mentiría si afirmara que soy el hombre ideal,
el que todo lo sabe y siempre habla en términos de sociedad;
tener, aparentar y conquistar
han sido parte de mi lista que algún día deje atrás.

Larga ha sido mi espera por conocer a alguien ideal,

pero hoy miro al cielo y doy gracias,

ya que conocí a una mujer espectacular.

Hoy veo mi sueño hacerse realidad,

veo la oportunidad de decirte al oído que eres alguien especial,

una mujer como tú, que podría volver mis fantasías realidad;

una mujer que simplemente conocí y jamás de mi mente partirá

Por qué olvidar, por qué Insistir

Recuerdo tu piel, extraño tus ojos,

confundo tu voz y evoco tu rostro,

es imposible mentir a quien pregunte por ti,

inadmisible de admitir que soy el mismo,

mis labios y mis besos claman de sed

y solo mis recuerdos arden de fe.

Me decido a olvidar y solo sé recordar,

pienso en ti y solo queda por preguntar,

porque después de todo te tengo que olvidar.

Desearía que ningún sufrimiento te acoja,

que simplemente tu legado quede atrás

pero dime cómo logro si me es imposible olvidar.

Quemándome el alma yazco ahora

sabiendo que un saludo es un don que no aflora,

imagino ese frío descomunal en tus ojos al mirar,

las flores marchitar al son de tu caminar,
comprender que la vida no es como se ve,
que a tan cruel realidad esté siempre a tus pies;
caer para aprender, perder para obtener,
tratar e intentar y en ocasiones negar,
si es que alguna vez en la vida no aspiras llorar.

Qué sencillo era soñar cuando tú estabas a mi vera
cada día con una nueva historia que contar,
una ilusión mágica por la cual reír y recordar.
Nos dejamos engañar y ya nada es igual,
solo la soledad regresará a mi litera,
y fingidamente saludará y reirá sin tu presencia.
Pienso en ti y brindo de angustia
escribiendo para ti. Florece este triste poema.

Solo queda ver pasar aquellos gratos recuerdos
tallados en toda mi piel con tinta del edén,
tantos besos compartidos, tantos días sin exilio,
tantos deseos al olvido, qué triste que te has ido.
¡Por qué olvidar, si el juicio aún no lo he perdido!
¡Por qué insistir, si aún la guerra no la he perdido!

¡Cómo olvidar si aún te espero!
¡cómo partir si aún te recuerdo!
¡cómo trascender lo que vivimos!
¡cómo eliminar lo que sentimos!
¡cómo decir adiós si este no es el destino!

Así es mi mamá

Si me preguntas por qué te amo,

por qué declamo estos simples versos,

diré sonriendo que ya lo sabes,

que te doy gracias por compartir tu afecto.

Perdona el tiempo que olvidé abrazarte,

apreciar tu esfuerzo y secar tu llanto.

Espero comprendas cuánto te amo,

cuánto te debo por enseñarme tanto,

gracias por reprender mis actos,

por ofrecerme siempre tu calor de madre.

Aún siento tu luz cuando algún interrogante

sesga de oscuridad mis pasos:

abrigas mi corazón y sosiegas mis dudas

cada vez que arriba el fracaso,

me otorgas siempre una respuesta sabia

cuando me encuentro cabizbajo,

sonríes dulcemente como flor naciente

que embellece todo a su paso.

Te dedico esta composición que sólo quiere expresar

lo mucho que te amo.

Noble confidente que con su presencia constante

siempre me tiende la mano,

tu aroma como frescas margaritas

y tu piel con textura de un cálido verano.

Sin alardear tanto,
sólo quiero decirte que nadie remplazará tu espacio,
tú que me llevaste en tu vientre
y me has visto crecer a través de los años,
a ti que me diste parte de tu vida
y hoy solo pretendo retribuir tal acto.

Madre, sabes que te llevo dentro de mí,
que siempre te siento a mi lado,
en cada día gris cuidas de mí
y me das fuerzas para perdonar al malvado.
De mi vida eres tú la única dueña,
alimento de mi alma, reina de mi corazón,
qué lentos pasan mis días cuando no estás cerca
como ángel ¡protector!,
son 365 días que doblan las campanas
celebrando las maravillas de tu amor.

Dichosamente eres nombre de Dios
en labios y corazones de todos los hijos,
soñadora silenciosa que guarda en su memoria
los más preciados recuerdos.
Madre, tú has sido y serás refugio en aquellos días
que me encuentre abatido,
cariño como el tuyo será difícil de encontrar
que me proporcione gran alivio.
Siento que sólo tú me comprenderás,
siento que sólo a ti podré adorar.

Basta con decir que he llorado en tus brazos
con mi corazón mal herido,
junto a ti nada ha faltado y un amor sincero
es lo que siempre me has compartido.
Hoy quiero decirte... gracias Mamá,
solo tengo gratitud por tu amor incondicional.
Dios me otorgará la satisfacción
de siempre contar con tu infinita bondad
y saber que por siempre nadie remplazará tu lugar.

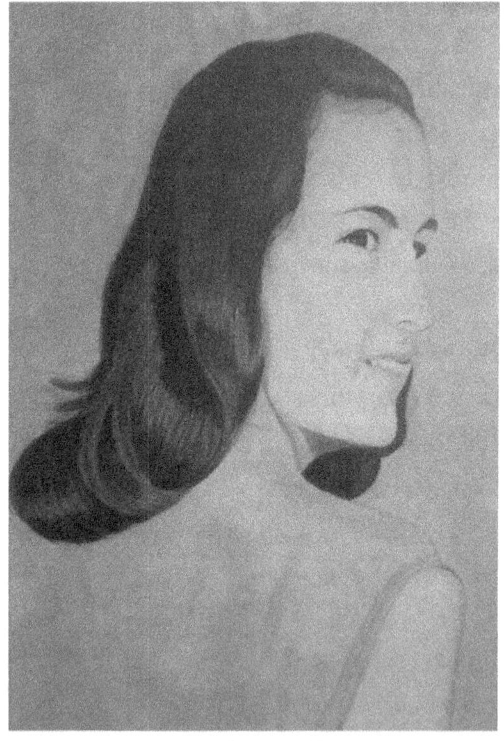

© 2020 Dibujo de Flor Gómez realizado por Luis Humberto (Hermano)

Inténtalo otra vez

Subir al cielo bajo tu mirada,
apartarme de la superficie por encima de lo real,
agonizar en las nubes por miedo a caer
y vivir cada día en el albor de tu sonrisa;
seguirán acrecentando la penetrante luz de mi corazón
donde hacia el infinito tus ojos serán mi razón
y tu fragancia el paisaje de mi fascinación.

Tarde en la noche logro mi mente apartar de tu besar
en mi sueño, perdí la visión ilusoria por codiciar verte una vez más,
lo intentaré otra vez más para no desfallecer de ansiedad.
Lo que soy, no es lo que he sido,
he cambiado por una nueva ilusión del destino,
alcanzando el objetivo una vez más,
lograrás vislumbrar que no soy alguien del azar.

No pretendo ser adorado y por siempre ser el primero en la línea,
realmente no deseo ser escuchado
y mucho menos lo mejor de tu vida,
no, no quiero ser el único que conozcas y poseas de compañía
¡no!, tú no lo deseas saber,
pero solo ansío ser tu mejor hallazgo en estos días,
realmente, solo quiero ser el lugar
al cual puedas llamar hogar con alegría.

Un sacrificio es querer obtener algún día
lo que jamás he pedido en mi vida,
recitar uno o dos versos de mis labios
e incitar a tu corazón de fantasías,
iluso, por querer saber si te conoces,
como lo hago yo sin tu compañía,
puedes creer ahora que lograrás caminar
tu sendero sin mi idónea asesoría,
me verás intentándolo una y otra vez
para alcanzar tu hoguera algún día.

Cuando me miras a los ojos

Cuando el corazón busca un lugar para todos los sueños,
cuando el alma clama por no sentirse tan sola,
cuando los labios se preguntan si morirán resecos,
apareces tú, que respondes a cabalidad todos estos interrogantes.

Eres tú aquella luz enternecedora
que cuando la miro se abren cielos,
cuando la toco, se abren ventanas de sonrisas
y luces depurativas para la agonía;
cuando la percibo, siento como ninguna palabra de su boca
maltrataría mis oídos;
por ti, por tu sonrisa, se detiene el universo
y desde el silencio se crean versos
que adjuntos a tus ojos inspiran mi corazón para este poema.

Mi existencia es un invierno de intensas lluvias de soledad,
dispuesto a esperar vientos de cambios
al arribo de un verano prometedor.

Cuando me miras a los ojos,
me dices mucho sin necesidad de palabras.
Te miro y encuentro un paraíso a través de tus ojos.
Siento tu luz cada vez que desvaneces mi oscuridad en tinieblas
que yacen nubladas de sentimientos y desilusiones en mi vida.

Cuando te miro a los ojos, hago que el día y la distancia se acorten,
que los colores alcancen su mayor tonalidad y se confundan,
que se borren los miedos y de mis labios salgan suspiros al viento.

En ocasiones me miras y haces que mis sentimientos
trasciendan el infinito,
detienes mi respiración y haces que el tiempo cese sin más razón,
logrando que te pueda contemplar y eternamente recitar.
Que, si me miraras de la forma en que yo te miro,
entenderías todo lo que estos versos significan para mí.

Por mirarte, quedaste marcada en mí para toda la vida;
por mirarte, tengo miedo de no poder olvidar tu hechizo,
de no poder cicatrizar la llaga que dejaste marcada en mi corazón.
Me angustia vivir esta condena de mirarte cada día sin tocarte.
Has dejado tus ojos grabados en mí como un tatuaje,
me has dejado claro que cuando me miras a los ojos
se encienden en mí la pasión de mirarte por siempre.

Los amigos siempre serán amigos

Qué fácil es decir amigo, pero qué difícil es serlo,

qué sencillo es caminar con alguien cuando no existen dificultades,

qué difícil es estar al lado de alguien

cuando solo rocas y espinas lleva el camino,

solo tú, un amigo, puede hacer que todo sea fácil de manera natural,

siempre estás ahí cuando me falta coraje

y me sobran preocupaciones,

siempre me prefieres cuando me encuentro abatido

y sin triunfos que compartir,

me has hecho saber lo gratificante que se siente ser tu amigo.

Otro día llega con perplejidades nuevas que superar,

pero siempre existirán amigos en los cuales puedes confiar,

los amigos siempre serán amigos cada vez que necesites amor,

cuando el día se consume y toda esperanza está perdida,

un amigo siempre ofrece su mano

y hace que el siguiente día opaque el pasado,

ahora llega un hermoso día, con nuevas metas que alcanzar,

teniendo presente que un amigo es un tesoro que siempre estará.

Cuando sientas que la tristeza invada tu corazón

y las preocupaciones te nublen la razón,

cierra tus ojos, relaja tu cuerpo y abre tu corazón.

De repente, ahí estará,

un amigo que desplazará las tinieblas y con su amistad te cubrirá,

cuando te sientas solo y nadie esté ahí para decirte como triunfar,

solo piensa en aquella persona especial
que siempre a tu lado estará de manera incondicional.
De inmediato sentirás que la carga alivia la razón
y nace un nuevo gozo en tu corazón.

Amigo es la perfecta combinación
entre la alegría de un ángel y la sonrisa de un niño,
es conjugar millones de palabras hermosas en tan solo cinco letras,
amigo es la sensación más gratificante que los sentidos
perciben sin mayor dificultad.
Sí en alguna ocasión pierdes fuerza en tu corazón,
un amigo te acompañará sin condición.

Amigo… fuiste, eres y serás
hasta que los sentidos perezcan a la par que mi corazón.

Pequeña fugitiva

Es una pequeña fugitiva
dentro y fuera del amor,
viviendo en una plegaria
nacida para el dolor.

Viviendo en pecado,
ansiosa de respuestas,
esperando un milagro
que la salve de impurezas.

Alejandro Echeverri

Conservando la fe,
el amor no será odio
¿Amarías hasta el fin?
en otros brazos esta noche.

¡Tantas noches de intimidad!
No existe a quien culpar,
Dios sabe que has tratado,
aléjate, ya consumado está.

Miro a tu ventana,
no entiendo qué pasó.
Es tu vida, es ahora o nunca,
ya no oirás más mi voz.

¿Debería? ¿Podría?
Tú lloraste, yo morí.
Adiós a todos mis ayeres
no estoy aquí para seguir.

¿Puedes oírme? ¡Entiende!
no nacimos para sufrir,
levántate de tus rodillas,
aférrate a persistir.

No seas una ola más,
se roca y no grano de arena,
la vida es una montaña rusa,

no esperes volver a nacer.

¿Quieres compromiso?
mírame fijamente a los ojos,
la obra del amor es grande,
un trabajo a tiempo completo.

Un juicio final para un mundo perturbado

Te oprimen cadenas, la injusticia le sigue,
en un mundo de penas ningún hombre es libre,
esclavos del odio, como lobos fascistas,
opresores en tierra donde triunfan los ricos,
exiges perdón y no muestras respeto,
reconstruyes el mundo sin bases ni hechos,
sangras sin triunfos, desechas la fama,
hieres tu vida y fallecen niños y damas,
en este mundo irreal se condecoran los héroes,
con medallas de oro y grandes ingresos,
lamentable suceso, que en el mundo real se premien bandidos
y hombres sin sesos.

Campos heridos por tanta barbarie,
niñas en cinta y ríos de sangre,
la tierra se extingue, la paz se quebranta,
decae la historia el final está en marcha,
perdón y olvido con falsas plegarias,
se construye un futuro y se destruye la raza,

negras tormentas agitan ciudades,

entre nubes oscuras profetas infieles proclaman el cambio,

el bien ya no existe, la fe no da paso,

el valor es el medio con el cual nos quedemos,

el mundo se acaba, ya todo es en vano,

mientras líderes políticos discuten por mandos,

una niña menor de quince años,

en su vientre precoz dará a luz un fruto prohibido para estos años.

El inicio es leyenda, el final un regalo,

comienza una historia, culmina la etapa del engaño,

una vez prometido el indulto de los pecados,

el ladrón se hace bueno y el justo es condenado,

se inculpa al mundo por crear al malvado,

un asesino se hace héroe y un cuerdo se vuelve desquiciado,

se corrompen los cielos, el diablo es malo,

se dictan sentencias por los actos de este mundo inhumano,

nace el sol de una noche sin descanso,

el planeta genera vida y la vida muere en tus manos,

ahora mi alma expira en tropiezos,

el pasado fue solo apariencias y el futuro será incierto.

Un mundo inicuo que cae sesgado,

donde nacen las redes y mueren siglos enteros de trabajo a mano.

¿Cuál fue el error, dónde fallamos?

Lo que se forjó con amor, hoy lentamente tiende al fracaso

se pierde la fe, renace la ciencia,

ahora nuestros hijos crecerán en un mundo sin alma y en guerra, sí existe poder, que renazca esta tierra,

que no importe el pasado y comience una era,

donde una canción hable de amor y no de violencia,

que se alimenten los prados de hermosas primaveras,

que la fuerza esté en Dios y no en la guerra,

que el juicio final sea solo leyenda,

que vivamos el hoy y jamás olvidemos nuestra herencia.

La magia de soñar a tu lado

Soy el que te ama, aquel que te buscó

por cielo, mar y tierra y finalmente te encontró.

Voy de sol en sol, pretendiendo cautivar

hasta el final de los tiempos a tu tierno corazón:

ya ves, jamás tuve un amor que para mí fuera tan importante

y me diera satisfacción.

No hay por qué callar, ni mucho menos fingir,

ahora sé que a tu lado me siento muy feliz.

Tal vez sufrí, o tal vez lloré; pero ahora sé que soy dichoso

por vivir con tan esplendida mujer,

tal vez te pueda herir y en ocasiones agobiar,

pero todos esos momentos serán fáciles de olvidar:

te conozco... Sé muy bien que al igual que yo,

solo deseas que este amor perdure sin represión.

Amor, siempre sálvame del castigo de no experimentar

la magia de soñar a tu lado cada día más.

Sigue mi corazón y deja que tus sentidos te orienten
a través de dificultades en nuestra relación,
sigue tu corazón, ve hasta donde tus sueños logren transformarse
en una realidad de perfección;
este camino que juntos hemos elegido
siempre encontrará momentos cálidos de inmensa pasión,
donde dudas y demonios jamás alcanzarán a herir
nuestro idilio mágico de amor y adoración.

¿sabes? que desde el día en que te besé y toqué,
solo he sido un preso de tus labios y tu piel,
jamás te dejaré, lo puedo jurar,
ya que junto a ti estaré adorándote y nunca siéndote infiel.
Te puedo prometer que, hasta el tiempo de mi vejez,
si es posible, contigo me quedaré.
Nunca estuve tan seguro de amar sin revirar;
de adorar sin necesidad de conocer a alguien más.

El temor, los fracasos y el dolor nos convierten en gladiadores
como símbolo del inmenso amor.
Al final, son muy pocos los que arriesgan por amor,
los que luchan y la fe esta siempre en su interior:
si tuviera que vivir sin tu cuerpo en mi jergón,
solo la melancolía estaría a mi vera en el frío rincón.
La verdad, no puedo estar sin tu calor,
sin ti no se dé dónde vengo y mucho menos lo que soy.

Nada ni nadie cambiará el maravilloso amor que siento por ti,
sabrán que solo tú me haces feliz.
No dudes nunca de mi corazón,
tus ojos son luceros que solo los ángeles cuentan con ese don.
Mi cuerpo sin tu cuerpo no tiene conexión,
por esto dame toda tu ternura y vivamos del amor:
ven y comparte mi dulzura para que cuando estés lejos de mí,
te siga amando sin condición.

Petunia Roja

Cuerpo de fuego en arcilla firme y color canela,
a tus ojos mágicos, a tu voz lenta y coqueta,
sensual creyente del amor verdadero,
grandiosa y fecunda esclava de un gran sueño.

Un corazón de verano en un silencio discreto
con huella de gaviota sobre las playas
y huracanes de deseos en el desierto,
apegada a los vientos de viaje de lo extranjero,
dulce petunia roja de profundos anhelos.

Para un corazón puro basta tu pecho,
socavas el horizonte con un intelecto extenso,
te ensalzan voces y ecos por tus encantos
por ti, delante de ti, tiemblan los cielos.

Tu boca tiene la sonrisa de un ángel

y el color del sol reflejado en tus cabellos,

delirante juventud perpetua, erótica en exceso,

mariposa tierna y dulce de los montes eternos,

amiga incondicional que perdura en el tiempo.

Cómo cautivas a los hombres con tus movimientos,

con tu piel lucida y la chispa de un baile secreto,

con una mezcla de feminidad e inteligencia

con vasta experiencia en seducir al incrédulo,

amiga veraz y efusiva que hurta el aliento,

el mejor prospecto solo digno de respeto.

Donde estés, donde vayas... Ahí te encontrare

Vayas donde vayas, estés donde estés, aquí siempre te esperaré,

fuiste solo mía y nunca te olvidaré,

dentro de mi corazón ahí te encontraré;

seguirás siendo mía, hasta el día que mi cuerpo

y mi alma mueran de sed.

Se ha esfumado este amor, ya no soy tu verdad,

ya no soy tu príncipe,

soy solo un pasado que sencillamente has de olvidar...

Ahora muero sin ti,

solo callo sin gritar, entre tanto dolor,

continúo ciego y sin respirar.

Te desprendiste de mí,

ya mi cuerpo no te incita para noches del amar,

se agotaron los argumentos,

te fuiste lejos e imposible de encontrar,

aquellas barreras que apartan nuestro caminar,

hoy serían fáciles de aislar

la fe que subyace del inmenso amar,

será el sable sagrado que nunca perderá.

Las llamas que brotan de nuevas cenizas vuelven a mí,

al igual que tu sonrisa,

la única razón de mi completa felicidad,

es saber que siempre me recordarás,

donde quiera que estés y por donde quiera que vayas,

solo recuerda que...

siempre estarás en mí,

como yo siempre estaré cuidando cada paso que des.

Contaré centenares de nubes desfilar del celeste,

cada vez que recuerde tu piel,

sentiré el empuje de vencer la razón

cuando mi cuerpo pierda todo control.

Te buscaré, por el efecto que tu veneno dejó sin antídoto

en todo mi ser,

por el aire que fraguará de tu boca contra todo viento

e incendios sin disolver.

Partiré sin rumbo hasta donde sea que estés,

llegaré algún día, pero lo intentaré,

tardaré, iré lento y seguro,

así pasen siglos enteros, pero al final te encontraré.

Culminaré por ahogar en la sobria oscuridad

un recuerdo que no regresará,

en pintar de gris aquel horizonte que evoca pesares

tan solo en tu mirar,

donde la oscuridad y la vil desolación se apropiaron

de mi vida y mi razón.

Búscame y ahí estaré, vuelve que te esperaré,

aléjate y sé que no resistiré.

Abre la puerta de aquellos recuerdos,

cierra el cerrojo de un fin sin regreso.

Te encontraré o tú regresaras,

mi corazón que vive en llanto no resistirá,

calma mi mal, aísla mi vida,

sosiega el dolor que dejaste en mí desde tu huida:

Te has ido de mí, qué triste es mi vida,

deseo que regreses a sanar esta herida.

Difícil decir lo siento, imposible decir adiós...

Mentí, cuando al son de un error exhalé el último adiós;

¡qué horror! qué fácil acabé con su vida,

qué mentira promulgué por mi error

¡Más mentiras, no!

ya que el amor fallece lacerando el lienzo de una ilusión,

¿Por qué te hacen daño?

¿Por qué causan tan extraordinario dolor?

limpias tus manos de excusas, pero tus labios hieren un corazón,

mira lo que haces con una fantasía,

mientes solo para engendrar dolor,

él mintió, sí... Fue su error,

solo un rostro en lágrimas y falsas promesas te dejó.

Te advirtió que era ladrón...

Un ladrón de sueños que hurtaría tu corazón,

que mintió al decir que nunca amó,

aunque sus manos destilaban de sudor,

no más por su arrogancia escaseó un ocurrente

sentimiento de perdón.

abundaban las excusas por condenar

a un inocente sin escuchar razón,

mintió por no ser codicioso,

olvidando juramentos en medio de la ambición,

utilizó las expresiones menos piadosas

que ofendieron cruelmente un corazón.

Miente el pasado, miente una flor,

miente un bolero; cómo no voy a mentir yo.

Los besos, detalles y hasta la mínima dedicación

forjan en ti gran desilusión,

sufro en tus brazos, deshago mi error,

no quiero que sufras más por mi traición.

¡Mírame! siente la tristeza que proyectan mis ojos

por una sola equivocación,
recuerdo atroz, es el único pasado tachable
que no te quiero dejar corazón.
Ahora solo juro ante mi Dios,
que actué con mentira, pero solo fue por amor,
ya que solo la verdad absoluta se engreda
en todo aquel que tiene un Dios interior.

Porque alimentarme de mentiras, no lo sé...
Concluirás ahora cual estúpido soy.
Qué difícil decir lo siento,
más fácil fuese pedirle al sol que no alumbrase,
que el océano se seque por los vientos
o que los desiertos sufran de inundación,
cuando mujer alguna perdone a su agresor,
ese día será posible que me des tu perdón.

Llega la despedida, ¡mentira!
imposible decir adiós por todo lo que me gustas.
Que el adiós es volver a nacer
y que la ilusión por un nuevo futuro renace ante mis pies,
simplemente es mentira,
amargo veneno por no buscar una nueva verdad en mi vida.
Al final caigo al abismo por verte partir de mi isla,
por cumplir el ciclo de la huida,
una vez más te mentiré mi vida,
diré lo siento y que jamás te fallaré a escondidas.

Recado de amor

Me encuentro cada vez más cerca de tu corazón,
mis manos y mi piel te perciben con gran dulzura y sencillez,
mis ojos te extrañan y mis labios me preguntan
por ti a cada instante,
mi mente se aferra a los recuerdos y en ocasiones me hace delirar,
pero cada día que comparto contigo me enamora cada vez más.

Hoy solo deseo que cierres tus ojos y pienses en mí,
que no olvides la inmensa satisfacción que siento al tenerte cerca:
simplemente ansío que por siempre me recuerdes,
tierno ángel mío.
Te envió este recado con todo mi corazón
y estas vagas palabras mías,
sencillamente te dedico este poema, a ti, niña de luna y miel.

Mi inspiración subyace y surgen palabras de la tierra a cada día,
eres el anhelo del mejor arquitecto de sueños,
eres la mejor representación del pecado en mi agonía,
eres el todo que calma mi deseo,
eres más que un simple pensamiento
y mucho más que una triste melodía.

Nada realmente me importa cuando no estás cerca,
por cada una de tus locuras le das una nueva sazón a mis diabluras:
te beso, te abrazo y en ocasiones abrigo tu cálido
y denso cuerpo entre mis brazos.

Resides en mis deseos cada vez que cruzas mis sentimientos:
saber que eres feliz, cuando estás conmigo, es todo para mí.

Finalmente, pudiera decirte trivialmente que te extraño,
pero en mi confuso diccionario ni el recordar existe,
para tu tranquilidad; la verdad es que te quiero,
para tu estabilidad, la verdad es que te adoro,
y para tu satisfacción la verdad es que te amo.

Réquiem de un adiós

Triste seria ver mis últimas palabras escritas en epitafio,
revelar un rostro blanquecino y los labios destrozados,
¿será este el triste final?
estaré caminando sin opción alguna hacia la sepultura,
estoy fatigado de intentar cambiar,
padezco solo y rehúso a respirar.

¿Será la muerte un final inevitable para una joven existencia?
¿Seré alimento de gusanos o buscaré otra forma de regresar?
Da igual, solo fui un simple amante desterrado sin hogar,
falleceré y ahora este poeta no compondrá rimas para enamorar.

No quiero una cama sencilla para el eterno descanso,
ni un espíritu desagradecido que me abandone al instante,
no recibiré por ofrenda vino, flores, clamores o llantos,
vivo o muerto siempre anhelé ser justo ante mis actos.

Qué ganancia obtuve al vivir bajo el credo de mis padres,
conformando un hogar palustre que ahora se ha terminado,
la verdad, si todo se ha consumado no me recuerden por lo malo,
no juzguen a Dios por el suceso, todo tiene un inicio y desenlace.
Ayer fui ceniza y cuerpo...
posiblemente desde ahora solo seré recuerdo.

Aquí yace este hermoso escrito de un suceso poco esperado,
seca de tu rostro las lágrimas que por este réquiem te he causado,
solo deseo que no lloren por mí,
la verdad hace tiempo estoy condenado,
siempre deseé renacer de unas cenizas que ahora se han secado.

Obsequio de navidad

Navidad, tren de historias e instantes de prosperidad,
tiempo para compartir y momentos para celebrar,
espíritu verdadero con significado especial,
donde una cena acompañada de vino y pan,
dará un hermoso motivo para presenciar
el nacimiento del niño que siempre ha de llegar.

Árbol navideño, de esferas y luces para admirar,
árbol claro y bello que iluminó nuestros corazones
con su resplandor único impregnado de felicidad,
árbol que contempló las campanas en su dulce repicar,
donde su sonido divulgará la noche más especial
que verá a una familia compartir de una noche de paz.

Han cambiado los tiempos, regresa la navidad,
ha cambiado la vida, diciembre siempre será felicidad,
es momento de recibir y también de saber entregar,
de preparar corazones para una nueva natividad,
de penetrar en los sentimientos y festejar una vez más.

Siempre estarán aquellos que nos invitarán a brindar,
aquellos, que con un abrazo de hermano nos cautivarán.
Un año más, estamos listos para celebrar
familia y amigos nuevamente nos volveremos a encontrar,
conmemorando todos juntos un nuevo año de prosperidad.

Intentemos no sufrir por aquellos que esta noche ya no están,
recordemos que ellos celebran a la derecha del padre celestial.
Diciembre, mes hermoso lleno de paz, júbilo y mucha felicidad,
donde los niños ríen y cantan esperando un obsequio de navidad.

Una radiante navidad y un venturoso año nuevo de bienestar,
para regalar alegría y muchos momentos mágicos de fraternidad,
donde la nochebuena sea un motivo para perdonar y volver a amar,
al final, solo los mejores deseos este poema desea expresar.

Con lo mucho que te quiero... quiéreme

Quiero mirarte fijamente a los ojos
y hablarte de amor a cada instante,
quiero que esta noche sea sólo una noche para compartir los dos,

quiero dejarme guiar por mis más obscenos instintos
y hacer todo lo que el corazón me dicte,
quiero sentir el calor que un beso tuyo me puede proporcionar
y quizás experimentar en algún momento una tierna caricia tuya
antes que el amanecer lo arruine todo.

La verdad, no preciso obligarte a que me quieras como yo podría,
no es necesario que bajes una estrella
y me la otorgues sólo por mi simpatía,
no te voy a obligar a que pienses en mí,
a cada instante y por el resto de tus días;
no te pido ser la dueña de mi corazón
 y la luz perpetua de mi agonía.

Realmente, sólo te pediré una simple mirada a mis ojos en este día,
que trascienda lo tangible y llegue a lo más profundo de mi vida
para algún día poder contar con la fortuna de que me quieras
por lo mucho que yo podría quererte y adorarte toda mi vida.

Prometo quererte hasta el final de nuestros días
porque, aunque nada dura por siempre, mis promesas lo harán:
prometo clamar en un puñado de versos que te quiero,
que nunca me cansaré de quererte.
Sólo te pido que nunca busques motivos ni razones
para entender mis sentimientos.
No te alejaré jamás de mi mente,
porque con lo mucho que te quiero me será imposible.

¡Quiéreme! Bajo esta noche cálida y tenue,
dame tu mano y perdámonos en una fantasía
que juntos fabricaremos.
Has atrapado mi corazón, has hecho de tu piel
un abismo donde solo yo quiero perderme,
me has hechizado con tu sonrisa
y has logrado que cada día sin ti carezca de melodía.
Con todos estos versos
y los que quedan en lo más profundo de mi corazón
solo queda por decir, con lo mucho que te quiero... ¡Quiéreme!

Ardiendo en deseo

Ardo en deseo por seducirte...
sutilmente, desenfrenadamente y muy enardecido por tenerte,
anhelo catar con mis labios hasta el último rincón de tu cuerpo,
ser la pasión de tus desenfrenos hasta no resistir tus movimientos.

Al comienzo, sentirás mis delicadas manos por tu cuello,
mientras mi fina lengua penetrará en celeridad por tu aliento,
algo suave y vigoroso que envuelva de sudor todo tu cuerpo,
una hoguera de pasión que te carcomerá hasta los huesos.

Ardo en deseo por tocarte...
por recorrer tu espalda con mi barbilla afilada,
despertando los más bajos instintos con cada húmedo beso,
descendiendo hasta tu pecho
y degustando hasta tu último extremo.

Ansío contemplar todo tu cuerpo desnudo y acariciarte en exceso,
fundir este deseo atrevido que sonrojara la luna al vernos,
confundir tu mente y alcanzar el clímax total de tus deseos.

Ardo en deseo por tenerte…
por experimentar un sentimiento sublime y perfecto,
que te haga sentir mujer y consumirte hasta en tus sueños,
hacer en ti, lo que alguna vez quise hacerle a otro cuerpo:
Déjate llevar de este Romeo que anhela el manjar
que llevas adentro.

Cobarde a tus pies

Ansiosa de amor, con deseos inmensos de ser mejor que ayer,
intoxicada de agrios recuerdos en zozobra por un falso edén,
cansada de exponer su cuerpo a caricias de un pérfido infiel,
deseosa que recorran su alma por algo más que un simple placer.

Qué infame aquel que lastima un corazón noble y fiel,
negándose al matiz que da un sentimiento tierno y dulce como miel,
creyendo que el amar es únicamente un acto particular de la piel,
condenando princesas a sufrir
por no saber el significado de querer.

Funesto vivir sin amor, insultando la dignidad de la mujer,
abrir el corazón nuevamente para hacerlo caer con desdén,
el reloj marcha ansiando un siguiente que entregue sin lastimar,
sin falsedades, ataduras o intereses que solo lleven a hostigar.

No sufras por aquel que solo te quiere satisfacer

en pasiones y placer,

rompe las ataduras del estándar social

para conocer un nuevo pincel,

aquel que pinte tu rostro de colores

y el aura con un tinte aguamiel,

sé lienzo perfecto con la ayuda del individuo

que se entregará a granel.

¡Ama con todo tu ser! con la mayor alegría que puedas sostener.

¡Sueña! que todo tu cuerpo es digno de codiciar un nuevo placer.

¡Cree! nada es imposible para cambiar el destino de un malquerer.

Así es ella

Es ella en quien locamente no dejo de pensar,

busco entre espinas un camino claro para con ella estar,

intento discernir mi agonía al no saber si en mí pensará,

juro que no conocía tal sentimiento que desvela al recordar.

Partiría en dos mi vida por conocerte y hacerte sentir especial,

de tu blanca mano anhelo caminar y juntos disfrutar.

Eres tú un ángel, un sol, una esmeralda que me envuelve de sudor,

mi única verdad entre las mentiras que contaminan mi corazón.

En tus bellos ojos vi la luz donde mi ego sucumbió,

con tu piel sentí el hechizo de enloquecer sin convicción,

así eres, la más bella, la más hermosa flor,
quien sembró la duda que turbó mi razón.

Me aloca pensar que con otros labios puedas disfrutar,
sudo nervioso al creer que algún día a mi lado estará,
mis labios desean catar aquel anhelado manjar,
quiero fundir este sentimiento que carcome mi pensar.

Así eres... tímida e inocente en tu interior.
¡Así soy yo! un simple y pobre trovador
que no sabe de extrañar, pero se entrega sin restricción:
de noches sin despedidas y días sin sabor,
un místico poeta que robará tu corazón.

Viajar con alma

Ver la montaña nacer cada madrugada,
al ruiseñor cantar alegre al sol en la mañana,
al eco del mar retumbar en riberas escondidas,
las hojas de otoño caer al viento marchitas,
los colores del bosque honrar la creación más divina,
contemplar una noche estrellada con una bella compañía.

Navegar en tierras lejanas sembrando amigos cada día,
deambular los mares en búsqueda de nuevas fantasías,
surcar los cielos descubriendo remotas lejanías,
soñar despierto y amanecer sonriente en tu compañía.

La aventura de viajar parte de no creer en biografías,
el mundo es algo que se vive a botín y no a leídas,
construir tu propia historia viajando con sabiduría,
ser aprendiz y forastero en tu eterna compañía.

Viajar es aprender lo lejos que se llega sin dirección,
es hacer huir la rutina y partir en nuevas travesías,
es llenar el alma de anhelos para acabar en melancolía,
es fortalecer el corazón y sosegar la agonía,
es el horizonte a lo lejos y que descubres con alegría.
Viajar jamás termina... viajar con alma y en tu compañía.

Más que sentidos con significado

Ella jamás comprenderá que:
ternura a los ojos suscita al llorar,
deleite en sus labios provoca al sonreír,
armonía a los oídos concede solo con hablar,
calidez al respirar difunde con su tenue suspirar,
fogosidad en su piel disipa con gran sensualidad.

En cambio, el siempre recuerda que:
lucidez a sus ojos produce ella al despertar,
satisfacción a sus labios gesta siempre al besar,
placer a sus oídos induce siempre al murmurar,
excitación a su nariz aviva ella al transpirar,
lujuria a su piel incita con su delicado caminar.

Al final, cada cual:
ansiaría verse a la luz de una nueva mañana todos los días,
anhelará opacar las lágrimas que fluirán
como lluvia por cada antipatía,
ambicionará concebir sus labios acompañados
de posibles travesías,
alucinará entregase a la aventura de escuchar sus voces a cada día,
deseará ocultar las penumbras en las noches mágicas de fantasía,
sucumbirá por entregar el corazón
hasta el final de esta compleja poesía.

Temerán olvidar el significado memorable que incurrirán
en acciones a escondidas,
sucumbirán de dolor el día que sus ojos se pierdan
en alguna otra utopía,
desfallecerán de angustia al saber que una espina doblegaría
el rumbo de su alegría,
menguarán de inestabilidad cuando el deguste de su besar
se opaque de inseguridad.

Inmensas angustias de lo cotidiano escapan siempre
de lo lógico por la rutina,
perdurables voces a través del silencio sesgan
los más preciados tesoros y gritan;
más que sentidos,
son eventos sobrenaturales de vidas ocultas en la lejanía.

Infiel en el amor

Entrego por pocos días mi marchito corazón
a toda la que quiera una fugaz mentira o ilusión.
Me pierdo en el alcohol por cualquiera que comparta
una inolvidable noche en mí abatido sillón.

Todo lo que tengo lo gasto solamente en diversión,
jamás entrego el corazón en ninguna relación,
doy solo alegría y gratos momentos de intensa pasión,
si alguna de tantas desea marcharse de mi corazón
dejo que se alejen sin sentir culpa o experimentar dolor.

Destrozar corazones es mi especialidad en el amor,
mis penas y deserciones las pasó siempre con alcohol,
desorientado y errante voy, sin dinero y sin amor
las mujeres para mí son como ídolos de adoración.

En las noches salgo de caza en búsqueda de acción,
en bares y cantinas cada noche encuentro un tropezón:
mujeres, vicio, juerga y demasiada perversión,
es lo que se halla siempre en este mundo sin control.

Concluyo por decir que jamás dejaré de enamorar a la mujer,
me divertiré con todas las que lleguen y me colmen de placer,
la verdad, soy un infiel, un triste mentiroso que confunde a granel
pero qué bien se siente estar con más de ¡una a la vez!

Ámame como antes; pues no quiero sufrir más

Cuán difícil es callar lo que quiero de tu amor
y que anhela el corazón,
cuán difícil es sufrir en los momentos que tu voz
me hiere sin control,
quisiera que tu amor fuese menos en dolor e inmenso de pasión,
sosegar aquellas lágrimas con la infinita adoración que teníamos,
moderar la agresividad para que podamos vivir
cada día con mayor felicidad.

Estás lapidando mi amor,
me llevas a un abismo que no tendrá salvación,
solo quiero que entiendas mi posición,
que suprimas todos mis miedos
y cambies para poder disfrutar como antes
de nuestro idilio mágico de amor.
Cuán fácil fue idealizarte
y convertirte en el único hombre de mi corazón,
en aquel que me buscó nuevamente
y decidí amarle sin alguna condición.

Lastimosamente todo parece indicar,
que jamás algún cambio se hará realidad:
mis sentimientos empiezan a agonizar
y solo quisiera amarte por toda una eternidad,
un adiós tuyo sería el final,
se envenenaría mi interior y nada podría ser igual

me hundiría en un silencio que me corrompería la razón
y me desgarraría el corazón,
deseo con fervor que lo que expresan estos versos
te lleguen como mi última petición.

Solo quiero otorgarme la oportunidad de continuar viviendo
sin tanta frivolidad,
soñar que cada instante volverás a llenar mi alma
de un color mágico y especial
no dejes que caiga más mi corazón,
reclámalo como antes y otorgarle salvación,
hay una parte en ti que siempre conocí,
y saber que realmente a mi lado eres feliz
ciertamente no puedo evitar buscarte y dejarte de esperar
vuelve pronto que necesito de tu amor incondicional.

Lúgubre amanecer

En una madrugada fría y tétrica
deambulaba venturoso
por las desoladas calles de mi pueblo,
de repente creí escuchar un tenue sonido
como si dama alguna sollozara de placer,
más opté por proseguir el camino al suponer
que solo se trataba de una impertinente mujer.

Era diciembre, lo recuerdo con cierta dificultad,
fueron tiempos difíciles pues no hallaba saciedad,

solo bebía licor, único amigo sin alguna predilección.
Al instante sentí un repentino sentimiento de terror
una voz incierta pronunció mi nombre y a lo lejos
una extraña silueta se reflejó en un tétrico rincón.

Mi atención estaba sujeta a aquella sombra,
suspiré con cierto miedo al sentir gran pavor
aquella voz, tenue y susurrante clamó:
—Venid a mí, pérfido corazón—
Callé, simplemente callé… nada más.
¡Cómo responder a tal hecho sobrenatural!

Con prisa caminé vertiginoso sin mirar atrás,
entonces una mujer de rostro macilento
surgió entre sombras y fijamente me observó,
sin movimiento alguno enmudecí y nada más
una lúgubre sonrisa emergió de sus labios,
y solo un atónito mutismo sepulcral fue respuesta
a aquel hecho que hasta hoy no he podido olvidar.

Debo confesar que aquella noche sentí temor
pues nunca ante mis ojos contemplasen mujer
que concibiera en mí algo diferente a placer.
Ella o eso, la verdad no sé… se acercó
hasta quedar en frente a mi cuerpo petrificado,
aquella extraña mujer solo miraba sin parpadear.
Pensé que la luz del día no volvería a ver jamás.

Entonces de sus ojos gotas de sangre emanaron
con una desagradable pestilencia putrefacta,
y vi cómo sus labios movía sin producir sonido
y pensé —¡Dios mío, Dios mío! —
Para continuar con mi mal, mojé mis pantalones
y de repente grité —¡aléjate engendro del mal! —
Solo anhelaba despertar a tan cruel realidad.

Sus ojos se secaron de tanta sangre verter,
sus labios pálidos y el cabello cada vez más gris,
intenté dejarme caer al piso para calmar mi mal,
sus manos sujetaron de inmediato mi torso
—infausto ser, decidme lo que deseas de mí—
Un grito aturdidor salió de aquella mujer,
y desfallecí, felizmente no resistí más aquel ser.

Una fuerte luz irradió mi rostro la mañana siguiente,
en mi mano yacía una antigua y estropeada gargantilla,
era de la mujer que había asesinado dos años atrás.
Grite: —¿Por qué me atormentas desalmado espanto? —
después de esto noté que había dejado en mí
el único objeto perdido que jamás fue hallado,
castigando con su obsequio a un criminal jamás condenado.

Quedé inanimado, luctuoso y totalmente abrumado,
dejó en mí un recuerdo que atormentara mi alma:
su mirada, esa tétrica mirada jamás será olvidada,
sus labios endemoniados me siguen a todos lados.

Soy un afligido homicida que nunca fue juzgado,
una triste escoria que firma este lúgubre relato...
pocos minutos antes de dejar este mundo perturbado.

Una vez más

Una vez más me pregunto cómo debo hacer
para no volverme a equivocar,
una y mil veces me pregunto si es que el azar
en mi vida no volverá a reinar.

Una vez más llueven miedos y temores
por todo mi malherido corazón,
donde frutos insípidos que recojo
fueron forjados en un débil cultivo de un adiós.
Una vez más comprendo que volví a fallar
y que un nuevo renacer surgirá del más allá,
suponiendo que es casi imposible que mis labios se revelen
una vez más.

Regálame un solo instante de tu comprensión
y te diré lo que jamás quiero volver a encontrar,
donde la herida que con sangre se enmarcó en mi corazón,
hoy quiere cicatrizar sin dolor,
una vez más voy ausente de aquella fuerza externa
que me ayuda a mejorar,
pero con el suave navegar en este eclipse catastral,
una tenue luz a mi vera pronto vendrá,

existirá pues un grito magistral que me ayude a combatir
esta dura ansiedad,
donde este océano de sed y la herida abismal
dejen a mi corazón estar en paz.

Ahora no sé cómo haré para retomar esa chispa inspiradora
que a mi vida le da saciedad,
este intenso mar de sed que domina la sensatez
y perturba mi caminar,
aquel fuego que corre por mis venas
y quema mi frágil voluntad sin mayor dificultad,
el sutil disfraz que trasforma mis anhelos
en confusos brotes de parcialidad.
Una vez más estoy lejos de retomar
lo que con tanto sacrificio logré conquistar,
creando y recreando una profecía que solo pesadillas
y temores alimentan ya.

Una vez más para llorar los desiertos sedientos
que mi falta de poder generará,
una vez más para comprender los abismos infinitos
que el sol verterá sin piedad,
una vez más desde el exilio se quebrantarán los cielos
para el caos dominar,
una vez más la mirada penetrante que oculta
la infelicidad que clamará por libertad,
una vez más palabras desgarradoras interferirán
en mi universo de verdad,

una vez más, después del final
y hacia un nuevo renacer de felicidad,
Intentaré por no repetir "una vez más".

Nunca me fui, nunca me dejaras

Siempre resguardo, en el silencio,
infinidad de sentimientos que anhelan por manar,
y ahora, solo tengo algo que decirte
y creo que es tiempo de no callar.

Los caminos recorridos, los momentos compartidos,
los instantes que vivimos, vuelven a mi mente,
haciendo que mi vida brille de colores intensamente,
porque siempre me has enseñado como hacerle
frente a toda maldad y los grandes cambios en mí, son gracias a ti.

El sutil distanciamiento que existe entre nosotros
tiende a ser inmenso,
pero jamás nos separará. En mi interior sé que nunca me fui,
nunca he estado lejos:
siempre en mi corazón has estado cerca,
cada día y por cada suspiro.

Deambulo sólo, por calles desiertas,
por caminos perdidos y valles que se han ido
y no existe ni un segundo en que no estés
aquí conmigo para adorarme,

siempre estás en mis pensamientos y corazón,
la amistad que construimos, el amor que forjamos;
eternamente me dará fuerza y gran estabilidad,
hasta las ruinas de los tiempos serás mi ejemplo
de superación en todo momento y situación.

De alguna forma, logras avivar la llama de nuestra relación,
mientras el tiempo siga con su caminar,
te aseguro que yo nunca me iré
nunca estaré lejos y siempre te respetaré
y allí estaré dos pasos atrás de ti,
afortunadamente, en mi vida solo hay algo en lo cual creer,
te veré por siempre como una flor de loto,
ya que creciste en pantano
donde lo único particular y hermoso que puede brotar
es una singular flor que a mi lado por siempre estará.

Alfa y Omega, principio y final,
lo único importante es que de mi mente jamás partirás,
nunca me fui, Nunca me dejarás,
nunca he estado lejos y Nunca me dejarás de adorar,
en mi corazón es donde siempre has estado y estarás.

Tu poeta de fuego

Deseo ser tu poeta de fuego,
de versos candentes,
ojos brasa y caricias llameantes.

Quiero que seas mi lienzo,
componer en tu cuerpo,
redactar con tus labios,
enmarcar, con tinta roja,
la sublimidad de tu belleza.

Tu poeta de fuego seré,
expresar en cada día y noche
como hurtas el aliento,
escribir de tus locuras y
de tus más oscuros deseos.

Anhelo que seas mi musa,
describirte, magnificar tu cuerpo,
enaltecer tu nombre,
ahogar mi tenue existencia
en la hoguera de tus sentimientos.

Ser tu fénix en perpetuidad,
constructor de versos y
victima fiel de tus encantos,
un fanático de tu romance,
el guardián de todos tus sueños.

Mujer, si con estos simples versos
te hago sentir especial...
prometo escribirte por siempre.

Te gusto

Te gustan mis ojos que te envuelven con mirada penetrante,

te gusta mi sonrisa de labios dulces, puros y apasionados,

te gusta el calor de mis brazos cuando comparto un abrazo,

te gusta cuando tomo de tu mano y sientes como todo ha cambiado.

Te gusta cuando susurro al oído, palabras que nunca olvidarás,

te gusta como acaricio tu cuerpo y te hago estremecer,

te gusta cuando conecto mi pecho bajo el tuyo en noches de placer,

te gusta el aroma de mi cabello que te hace enloquecer.

Te gusta cuando en mi vida estás ahí presente,

te gusta mi voz que activan tus oídos al instante,

te gusta cuando te sientas a mi lado,

te gusta leer mis escritos y corregir donde he fallado.

Te gusta mi figura, más aún sin tener alguna belleza grande,

te gusta cuando callo y cuando me lamento de algo malo,

te gusto porque te desoriente y confundo cuando hablo,

te gusto por no callar lo que me disgusta de tu pasado.

Te gusta cuando canto, aunque olvide la letra o el paso,

te gusto por compartir pasiones y alegrías a tu lado,

te gusto porque soy la música y poesía que has soñado,

te gusto, pues sin ser libre... me quieres más de lo esperado.

Desde el día de tu traición

Si te di todo mi amor,
fue solo por confiar ciegamente en tu egoísta corazón.
Este sentimiento que existió fue un simple pasado
que tristemente se marchito,
mi afligido corazón despoblado se quedó
y ahora ni tu voz recuerdo con amor,
soporté con convicción los duros recuerdos
que vilmente me dejó tu traición
¿Por qué ahora no lo puedes comprender?
ante tus ojos ya lo nuestro se esfumó.

No vuelvas ahora que ya no existe razón,
un sentimiento muerto no tiene salvación,
tus promesas confunden,
así que jamás sabrás lo maravillo que es el verdadero amor:
vienes a decirme que lo sientes,
que ahora entiendes la soberbia mujer que solía ser.
que te avergüenzas de tu traición. dices que me necesitas,
que me amarás sin compasión.
¡Ahora te digo! Preciso que comprendas que todo lo nuestro
en el pasado quedó.

Llegaste a mi vida para encender mi corazón,
para luego apagarlo con tu cruel desilusión,
no busqué un engaño ni mucho menos tu traición,
me atreví a soñar por una nueva ilusión:

me heriste sin compasión, lastimaste la raíz de mi corazón

y qué caso tiene ya una nueva relación,

mientras recupero todo el tiempo que perdí,

búscala a ella y no vuelvas con migajas para mí,

lo mejor de mí siempre te di,

cegué hasta mis sentidos por ti y hoy por fortuna llegó a su fin.

No trates de manipular aquellas historias que ya jamás

volverán a ser realidad,

dime la verdad, ¿Qué haces hoy delante mis ojos si prometiste

que no ibas a regresar?

en aquel tiempo, te lloré mil mares por los cuales navegaste

hacia otro nuevo comenzar.

La verdad solo te puedo perdonar,

decir "lo siento" pero ya no podré volverte a amar,

quiero ser muy feliz, buscaré otro amor;

pero jamás amaré a alguien como yo te amé.

Por siempre comprenderé que para que nadie te hiera siempre

hay que saber entregar:

el dar otra oportunidad no existe cuando el amor surge

y se conserva con honestidad.

Dime pues si dejarme fue un error,

para al menos saber si olvidarte es lo mejor.

Entre mis labios y besos encontraste

lo que siempre quisiste hallar...

pero ahora, lamentablemente, pertenecerán a alguien más.

Declaración de amor

Cada día más amo tu manera de sonreír,
salir el sol y ver como pájaros te cantan,
te comparto los secretos que jamás difundí,
aprender de tu mágico mundo es fácil para mí,
caminar y estar a solas contigo me hace feliz.

Cierta química en pocos días he logrado percibir,
siempre me haces sentir que soy importante para ti,
eres el complemento que involucra cuerpo y corazón,
aunque la verdad llevo poco de conocer tu interior,
siento que desde hace tiempo te quiero sin vacilación.

Ahora hay algo que sencillamente te quiero decir:
y es que de verdad es complicado estar lejos de ti,
cada parte de tu ser, siempre me hace estremecer,
respiro junto a ti y de inmediato empiezo a enloquecer,
despiertas en mi corazón algo nuevo que turbia mi razón.

Lo peor de aquella triste experiencia del pasado terminó,
aprendiste en demasía, es tiempo de una nueva opción,
eres lo suficientemente fuerte para probar con una nueva ilusión,
el corazón que antes yacía roto está próximo a una restauración,
déjame mostrarte que en esta vida no todo es una traición.

Ahora tendrás a quien dedicarle todo tu amar,
te quiero confesar que eres alguien única y especial,

no quiero que desgastes lágrimas en alguien que no está
conmigo descubrirás que es posible volver a adorar,
te enseñaré lo que es el amar y el no sufrir nunca más.

Ahora, soy solo un amigo que anhela estar contigo
a veces hay que vivir algo nuevo para poder olvidar,
te presto mi corazón para que lo puedas analizar,
así comprenderás que mi sentimiento es puro y real:
quiero llevarte conmigo para vivir un nuevo amor particular.

Mi inseparable amigo, el compañero ideal

Revoltoso, inquieto y divertido aliado
que logra conmover con su encanto,
siempre presto a cuidar y nunca abandonar a ningún propietario,
incondicional compañero que entrega su vida
por proteger a su amo,
mascota singular que entrega todo su ser
y sabe comprender los rechazos,
es un perro, el inseparable amigo y compañero
que jamás te ha abandonado.

Único ser animal que puede otorgar calor humano
sin esperar algo a cambio
por difícil que parezca el camino,
jamás dan a un dueño por perdido u olvidado;
aquel que en sus ladridos comprende
que hay alguien que necesita ser cuidado,

aunque vive por instinto se expresa de tal forma
que no necesita de algún vocablo.
Es tu compañero en soledad cuando similares
te han dejado desahuciado.

Siempre permanece a tu lado,
te otorga su compañía y nunca te deja desamparado,
con cada latido de su pequeño corazón
te recuerda que merece ser valorado,
con su dulzura natural, roza tu piel y pretende
que lo hagas sentir apreciado,
siempre corre bullicioso a recibir a la puerta
el arribo de su amigo tan esperado,
en las noches de quebranto,
comparte tu colchón y duerme silencioso a tu lado.

Mientras poseas un perro a tu lado,
no te sentirás solo y mucho menos desahuciado,
me avergüenzo de saber que jamás lograré amar a alguien
como él me ha amado,
amigo fiel y siempre tan leal,
aunque en ocasiones se le haya tratado mal,
comprendo que no puedas razonar,
solo sé que me reconoces como tu amigo ideal:
con el movimiento de tu cola logras expresar
lo feliz que a mi lado siempre estarás.

Debería Odiarte

Debería odiarte pues no valió la pena conocer
a una vil persona como tú,
el corazón que antes era fuerte y esclavizado
hoy tristemente es carne gris.
Todo muestra su verdadera forma
y cada cabo se articula por primera vez,
el ingenuo que solía ser por tus dulces promesas
murió con la verdad a sus pies.

Debería odiarte y jamás permitir que un falso amor
sea un tema por restablecer.
Te encuentras tan lejos de mi ser,
que ni tus fotos ejercen en mí algún poder;
Ahora, por ti, veo la vida sin los hermosos matices
que llenan un corazón fiel,
ya que tarde comprendí que no debí amar
a alguien que solo me haría enloquecer.

Debería odiarte, ya que llevaré conmigo
el resto de mis días tu pecado errante,
atraparte en tu engaño fue solo el motivo para fingir
y mentir para luego justificarte;
sangraré de dolor al recordar el pasado
ya que tu traición me dejó destrozado,
guardarte rencor no es una opción ya que Dios
siempre retribuye al malvado.

Debería odiarte, más aún siento que es imposible renunciar
a aquel sueño pasado.
No maldigo el día que te conocí,
ya que finalmente descubrí que no eras lo soñado,
lastimosamente no eres la misma que algún día prometí
que jamás le dejaría ir,
tu infamia llegó a un límite donde lastimaste un corazón
que era demasiado feliz.

Debería odiarte ahora que tengo cordura
y obré sin arrepentirme en el acto,
tristemente en mi alma se ha anidado un terrible dolor
y un gran calvario,
mi pecho solo abriga la herida de amor que me quedó
por tu descarado acto,
con gran tristeza y un hondo dolor veo cómo todo el pasado
muere en tus manos.

Debería odiarte, pero la verdad no soy tan fuerte
para despreciarte otra vez,
tu ausencia es un vació,
un temor inmenso que me aflige por no volverte a ver,
lástima que nacieras solo para mentir,
te salió mal el juego y ahora te descubrí,
otro amor me curará,
ya que hasta al fuego por ti me lancé varias veces sin titubear.

Debería odiarte,

ya que algún día te entregué el corazón y solo pagaste con traición,

sí un sincero perdón esperas de mí, la verdad,

te lo concedo si eso te hace feliz.

En la vida, los verdaderos amores

solo se experimentan la primera vez.

Debería... pero no lo haré,

cómo odiar a alguien que siempre me ha colmado de placer,

cómo decirle adiós a un ser que cometió un error,

pero que se arrepiente de haber sido infiel,

sí siempre hubiese sido un monje este poema sobraría;

ya que no habría indignación

si te hubiera valorado más,

este suceso jamás hubiese sido un tema que registrar.

C'est la vie (Así es la vida)

Dolores punzantes atacan de sorpresa un longevo corazón.

Contemplar cómo tantas primaveras pesan

y se detiene la respiración;

infausto ver cómo la piel marchita y sucumbe en un lívido dolor;

discernir cómo el tiempo es ahora el rival

que acabará con esta aflicción.

Hasta hoy no profeticé que la vida pudiese partir de este edén,

es casi media noche y cabe resaltar cómo ahora todo llega a su final.

En esta despoblada noche fallezco en silencio

y sin nadie con quién llorar,
hasta un mísero ladrón me podría auxiliar
en esta compleja posición de soledad.

Cuán tremenda es la angustia,
creo que del pecho saldrá sangre sin control,
triste es que la vida se torna bella
cuando el túnel muestra una luz en su interior,
ahora el sol esta presto a despuntar
y mis ojos no verán un nuevo despertar,
la vida me cobra tantos corazones que hurté
en mis años como galán.

Mis ojos pierden lentamente su color,
mis labios yacen resecos sin sabor,
muero sin previa confesión,
imagino que la eternidad será en llamas y calor.
Lamentable es contemplar cómo los mejores años los robó
una mujer que ya no está,
abandono este mundo sin saber
lo que realmente es conocer un compañero fiel.

El doliente corazón late cada vez más lento
y se tiñe de un tétrico color,
sucumbo en el cabezal del lecho
donde por mucho tiempo reposó mi cuerpo:
mi piel tiende a empalidecer,
siento un desmesurado frío que congela todo mi ser,

la flama de mi subsistencia esta presta a extinguirse

sin nada que perder.

¡He muerto! ahora soy solo un cuerpo dormido

que jamás fue querido,

una triste alma que deambula entre vivos

queriendo retomar lo vivido,

hablo a través del dolor,

desearía vivir nuevamente y conocer el amor.

Entre sombras y oscuridad es el cruel destino

que viviré una eternidad,

así es la vida y así es la muerte,

cambia tu vida para no morir en silencio.

Vida gris de un pasado rosa

Aún recuerdo aquel viernes, eran algo así como pasadas las seis

el almanaque señalaba que era el mes de julio de 1985,

salí y dejé en mi oficina aquel cargo de eficiente secretaria

la cual ejercía responsablemente,

era cómplice de una vida que no me pertenecía

y de la cual tampoco deseaba compadecerme.

Una suave brisa toco mi rostro,

como avisándome cuan feliz sería en pocos instantes.

Arribó aquella persona que como de un cuento de hadas

me hacía estremecer, con aquellos ojos oscuros,

enmarcados por las más hermosas cejas que jamás volví a ver,

con una sonrisa amplia y llena de amor,
se me acercó y me susurro al oído "te amo, mi amor"
volví rápidamente la mirada y suspiré,
creo que mi corazón latió al ritmo de mis pies.

Sentados, luego de darnos millones de besos,
sentía cómo todo mi mundo era perfecto,
aunque se vivía en una fría ciudad,
se sentía un fuerte ardor por compartir cada día más.
Todo parecía un lindo cuento jamás narrado en la actualidad,
un relato único y especial,
sin argolla, ni nada convencional,
solo con un inmenso amor que nos llenaba de felicidad.

Con palabras sencillas,
que expresaban más de lo que realmente querían manifestar,
mi gran amor, me propuso compartir nuestras vidas
hasta que de oscuridad se opacara el sol,
dije una y mil veces sí,
en tan solo pocos meses un nuevo camino abre de concebir,
no hubo, no hay, ni habrá…
amor más grande y puro que el que sentí en aquel lugar.
La felicidad era inmensa,
en segundos fabricamos nuestra vida que para mí era perfecta,
durante mucho tiempo del pasado lloré con su ausencia
y amé cuando por fin tenía su presencia,
cuando nos veíamos nos convertíamos
en un solo cuerpo que irradiaba solo de pureza.

Alejandro Echeverri

Finalmente, el momento llegó,
nuestras vidas hasta la muerte ya estaban ligadas sin absolución,
la distancia y la soledad nos formarían como pareja,
nuestro hogar era un sueño de fantasía:
fuimos esposos, amigos y amantes
y solos empezamos a construir nuestro idilio en fases
pasado algún tiempo, nuestro inmenso amor dio fruto,
cristalizamos una hermosa mujer,
clara como nevada, ojos profundos
y con risos dorados que iluminan su angelical piel,
su nacimiento fomento más nuestro amor;
fue un gran regalo de Dios.
Luego de disfrutar cinco años de todas sus picardías,
Dios nos concedió otro ángel de amor.
Juntos los cuatro, conocimos el mundo
y forjamos un hogar que solo se compara con el Dios.

Ahora, después de más de treinta años,
miro a través de la ventana y veo cómo todo se esfumó,
el encanto se rompió, todo quedó en un triste pasado rosa
que ahora de gris tristemente se tiñó,
solo quedan hermosos recuerdos que algunas veces cobran vida
en mis sueños del amor.

Quisiera creer que esto es solo un mal sueño,
y poder despertar y ver mi reflejo en sus ojos,
escuchar el sonido de su voz pronunciando mi nombre;

pero no, no volverá a ser jamás,
elegiste otra vida, en la cual solo yo figuro en números,
pero mi piel tristemente extraña tu calor.

Ahora le brindas, lo que en muchas noches,
me llenó de locura, fantasía y pasión,
seguramente olerá a juventud,
pero ella jamás podrá ver en ti al niño que algún día me hizo feliz,
siento cómo tu recuerdo viaja como un fantasma por la casa,
entra a la alcoba y reposa en cama,
quisiera despertar de este duro sueño,
uno que me desangra, que me hace sentir que no soy nada.

Hoy formas otro nido con nuestros recuerdos
¿y el mío? Quedó vacío y ausente de ti,
mi boca y cuerpo solo tienen sabor a ti,
antes dulce y ahora amarga; un triste sabor a pasado
hoy he sabido que las cosas nos llegan para aprender algo,
un presente gris por un pasado rosa,
ahora mi nuevo hogar es abundante en cariño,
amor y esperanza por parte de mis hijos,
el amor se conserva, se aumenta, se comparte, se da, se sufre…
pero jamás se mendiga.

Tu esencia ya no existe, es el principio del final,
me enamoré de un pasado que ahora ya no existe.

Provocación

Te dejaron sola cuando estábamos alcoholizados,
de repente, se nos rozó la piel por un simple baile,
me miraste fijamente a los ojos calculando el salto,
te alejé la primera vez por miedo a descontrolarme
al instante; ahogado en deseo comprendí mi error,
sencillamente me pusiste a prueba y termine a tus pies.

Fueron tus deliciosos labios el comienzo de todo,
no mediste el riesgo de proseguir con tus actos,
me llevaste atrás, hasta un oscuro rincón apartado,
fue peligroso quedarnos a solas y excitados,
no importó tantas primaveras de un falso pasado,
te supliqué en la ebriedad del crepúsculo nocturno
que lo pensaras bien antes de entregarte al pecado.

Comprendimos tarde que nada de esto podría ser,
esa noche discerní tus sentimientos al amanecer,
el inmenso y reprimido anhelo de sentir mi piel,
la euforia agónica de regocijarte en gran placer.

¿Cómo avivar la llama de un deseo prohibido?
¿Cómo apegarme a un repentino y nuevo querer?
Atrevidamente aquella noche te hice sentir peculiar,
aquel orgasmo que experimentaste por primera vez.

La mentira peor que tu traición

Te quiero con delirio, te adoro con pasión,
te venero con demencia y te amo con devoción,
sé que mi suplicio es idolatrarte sin condición,
varias veces de mi vida te has marchado sin razón,
dejándome solo y con amplias llagas en el corazón.

No me arrepiento de amarte con todo mi corazón,
de las innumerables lágrimas que he derramado por vos,
más me resultan tus mentiras peor que la traición.

Sinceramente no te guardo algún rencor,
solo me duele saber que fuiste de otro en un colchón,
en cambio, yo, pasaba las noches esperando tu perdón.

Tal vez encontraste en sus ojos, los míos, por la similitud del color;
quizás un cuerpo fuerte, no como el mío, para sujetar tu corazón,
o sus besos intentaban simular los míos en las noches de pasión.

Comprendo que por darle rienda suelta a tu corazón,
terminé pagando con lágrimas lo que solo Dios sabe por qué pasó
por no medir los riesgos, es que ahora caigo derrotado de dolor.

No pretendo ofenderte ni hacerte un reproche sin razón,
eres dueña de un cuerpo que es digno de lujuria y de pasión,
afortunadamente aún soy el dueño de tus besos, tu piel y corazón.

Mi majestuosa mujer que un día descubrí que tenía otro amor,
otro sentimiento vivo que comenzaba a nacer
mientras moría mi amor,
por suerte jamás paso a ser un sentimiento fiel
o de sexo sin control.

Cobrar con traición lo que en un pasado causó tanta desazón,
no es opción, ya que actualmente eres mi presente y mi razón,
duele, lastima sin control,
pero tu experiencia no es en vano corazón.

Deseo que aprendas que la confianza es un tema de los dos,
que, para olvidar, se debe hacer un mayor esfuerzo en el amor,
para poder trascender es mejor no volver a hablar de lo que pasó.

Sueños de graduación

Hoy, rebasados tantos desafíos como retos,
digo adiós a mi querida universidad,
el peldaño para conocer múltiples compañeros
y un conocimiento magistral,
una etapa de la vida culmina hoy
con el nacimiento de un gran profesional,
el gozo más grande es ver cómo todos los sueños
y anhelos se hacen realidad.

En verdad, valió la pena haber compartido
tantos instantes en aquella facultad,

donde los retos académicos se transforman hoy
en los retos del nuevo profesional.
La complacencia que se experimenta por lo logrado
es algo jamás soñado,
el objetivo es claro: ser profesionales en sapiencia,
de espíritu noble y avivado.

¡A los profes!
quiero decirles gracias por su conocimiento, dedicación y trabajo.
¡A la U!
por transformarse en tiempo completo
en un segundo hogar para ser educado.
¡A mis padres!
que con su trabajo, esfuerzo y seguimiento
son artífices de este bien.
¡Y finalmente a Dios!
ya que sin el nada de esto hubiese sido alcanzable.

Compañeros, fuimos estudiantes de pregrado…
ahora seremos colegas en la marcha.
Nuestras vidas continúan,
pero la amistad queda enmarcada en nuestra hermosa universidad,
cada aula, cada profesor, quedarán en nuestro interior
sin importar lo que pase a partir de hoy.
Amigos, de corazón les deseo el mayor de los éxitos
en su fructífero desempeño profesional.

Sin dudar, hoy estamos todos preparados para afrontar

una nueva etapa trascendental,
todos fuimos instruidos para llegar muy alto
y lograr ser profesionales de verdad,
a donde quiera ir, siempre llegaré...
seguro en poco tiempo otro grado he de tener,
antes de ser un grande recordaré,
que siempre se debe ser humilde hasta perecer.

Todo concluye al fin,
afortunadamente todo llega a un desenlace fenomenal,
importa poco los errores que a lo largo de la carrera
se presentaron cada vez más,
afortunadamente este logro no busca perfección
ni estar por encima de alguien,
esta graduación es simplemente un mérito a alguien
que quiere ser un gran profesional.

Cada cuento tiene su final

Una nueva experiencia en mi vida llega hoy a su final,
ahora la vida me demandará que deje atrás esta etapa particular,
prometo evocar toda mi vida la práctica que ejercí en este lugar,
gracias por permitirme compartir y disfrutar de su amena amistad,
no existe argumento alguno que pueda opacar
el grato sueño del que ahora debo despertar.

Siento un gran nudo en mi garganta que me hace hablar de más,
es complicado encontrar las palabras para dejarlos atrás,

mil gracias por las sonrisas
que siempre me hicieron sentir especial,
son muchos los recuerdos que logramos cultivar y conquistar,
prometo que mientras no me olviden
en mi corazón siempre estarán.

Pude intentar realizar un poema mucho más espectacular,
pero con estos simples versos quiero expresar mi agradecimiento,
aunque quisiera quedarme un poco más,
cada cuento tiene su final: hoy ya debo partir,
una nueva página de mi vida debe comenzar,
con ustedes comprendí la esencia mágica
a la cual le llaman trabajar.

No diré adiós, pero quizás acepte que los próximos días
serán duros de llevar,
me llevo cada sonrisa y los gratos momentos
que en mí siempre estarán:
ocurrencias, comentarios, sucesos, historias jocosas y demás,
conforman el inmenso y ameno recuerdo
que por siempre me acompañará.
Esta grata experiencia me ha enseñado ya
lo importante que es trabajar.

Prometo seguir adelante y nunca olvidar
todo lo que logré aprender en este lugar,
trataré siempre de valorar el conocimiento
que de cada uno alcancé a apresar,

afortunadamente soy sincero y puedo asegurar
que realmente los voy a extrañar,
les pido que perdonen mis errores y me recuerden
como alguien especial.
Aunque el tiempo deje de marchar,
les prometo que de mi mente jamás saldrán.

Hasta tu regreso

No podré respirar igual cuando te encuentres lejos,
gastaré nuestros más gratos recuerdos para no olvidarte,
no importa que pasen horas, días, meses o hasta años,
yo esperaré el momento que regreses a mi lado.

Aunque estemos separados, nunca voy a olvidarte:
aguardaré en el mismo lugar donde prometiste amarme,
tus besos los llevaré en lo más profundo de todo mí ser,
estos versos serán para que no olvides que aquí estaré.

Me enfrentaré a la cruel realidad de no saber dónde estás,
las noches serán más frías y el sol no alumbrará igual,
cada mañana al despertar, tu silueta a mi lado no estará,
sentiré un gran vacío pues de mi lado partirás.

Serás la única excepción que por siempre respetaré,
temeré en silencio que puedas encontrar otro querer,
déjame una prueba que certifique que a mis brazos has de volver,
prométeme que no romperás el corazón que solo vive por renacer.

Serás otro héroe de la patria y el recluta de mi predilección,
tendrás órdenes que cumplir y misiones que completar.
Al final, todo culminará en lágrimas de completa felicidad,
donde las heridas sanarán y los recuerdos permanecerán.

Esperaré por ti, tengo fe en que respetaras tu promesa de regresar,
retoma pronto el camino para vivir un idilio de amor y sinceridad,
hasta tu regreso seré fiel,
no existirá poder que me logre corromper,
tu recuerdo será la flama que concederá fuerzas
para no desfallecer,
hoy de mi lado partirás,
pero esta historia de amor jamás se extinguirá.

Demasiado bello para olvidar

Sentir un gran vació en el alma por haber quedado todo atrás
es mejor partir llevando los recuerdos que jamás regresarán,
a cualquier lugar tu sombra siempre me acompañará,
lo que quedo atrás fue demasiado bello imposible de olvidar.
El universo me permitió conocer aquella persona particular,
así que sea este el que la regrese a mi vera o la aparte de mi
corazón para el camino nuevamente retomar.

Fue una experiencia demasiado bella
que en ocasiones parecía irreal,
entre besos y caricias deje que el alma disfrutara sin pensar,

duele tanto descender de aquel vuelo donde todo era felicidad,
donde alguna vez soñé con lo eterno y hoy ya debo despertar,
le pediré a Dios que cumpla todos tus sueños
y me permita continuar.

Por lo que fuiste alguna vez, gracias te doy de verdad,
por todo el tiempo compartido y porque me amaste cada día más.
Difícil será olvidar los bellos recuerdos que ahora dejamos atrás,
por nuestro inmenso amor deseo que encuentres un corazón ideal,
a un buen corazón como el tuyo no se hiere y se le deja desangrar,
juntos compartimos instantes hermosos que han llegado a su final;
todo fue demasiado bello para fácilmente lograr olvidar.

Cómo ser simplemente un amigo, si a tu lado todo fue especial,
cómo le explico a mi corazón que tú fuiste y tristemente ya no estás.
Ten por seguro que los lindos momentos nunca partirán,
devolver el tiempo no es una opción, ya que nada quisiera cambiar.
Te extrañaré y tu recuerdo por siempre me acompañará
mi corazón, donde aún existes, te agradece por toda tu sinceridad.

Espero que este amor se apague y te pueda olvidar,
no quiero engañarme y aún pensar que algún día puedas regresar,
te estaré agradecido siempre, por entregarme toda tu fidelidad.
Entiendo por mi parte que muchas relaciones tienden a fracasar,
lograste hacerme creer que tu amor no llegaría a un desértico final.

La distancia y el tiempo jamás dividirán
el gran latir que algún día partirá,

hasta el final sentiré el calor que me dejase tu tenue respirar.

Ahora logro comprender el gran daño que se tiene

al estar en soledad,

lo complicado que es pasar la vida sin tus besos

y tu sonrisa angelical.

Miro al cielo y solo le pido al destino que me ayude a olvidar,

miro a lo incierto y demando que, si eres para mí,

juntos volvamos a estar.

Finalmente anhelo solo estar, con o sin ti,

pero no en esta cruda realidad.

Palabras que jamás te he confesado

Sin un continuo te quiero, te adoro o simplemente un tierno te amo,

quiero demostrarte este día lo mucho que siempre me he guardado,

por siempre he querido decirte tanto

y lastimosamente solo he callado,

comprendo que poseo miedos de decir

lo que jamás te he confesado.

No encuentro la forma de comenzar a decir

lo mucho que te he amado,

comprendo que con tu forma de mirar aguardas

por un gesto inesperado,

busco cientos de palabras con el único fin

que te sientas un nuevo llamado,

quiero observar la sonrisa que expones

cuando durmiendo te he besado.

Te quiero, aunque guarde en silencio los sentimientos
que no te he expresado;
mis palabras, en algunas ocasiones,
solo logran expresar un sentimiento aislado.
De corazón te pido perdón y espero que en verdad
aceptes mis fallos,
espero comprendas el inmenso orgullo que poseo
al saber que sí te he amado.

En ocasiones, anhelaría que comprendieras
con lo mucho que he cargado,
eres tú refugio para mis ojos,
la única persona que realmente me ha importado,
conozco todas tus metas a futuro y sé
que a cada una de ellas te has apegado,
con el corazón en la mano
anhelo que todos tus sueños sean alcanzados.

Sé que nunca es demasiado tarde para abrir el corazón
y decir que he fallado,
reconocer los errores que nos han marcado
y sanar los momentos amargos.
Deseo siempre estar contigo y continuar expresando
lo que hasta hoy he guardado,
creo que finalmente encontré las palabras que expresan
todo lo que me has importado.

En palabras simples y comunes quiero decirte
que este poema es un humilde regalo.
No podían faltar las lágrimas que traducen
el inmenso mar que mi corazón ha forjado;
aunque no es tan fácil de decir lo siento,
mis sentimientos son puros y reales,
este amor indiferente que tristemente
en ocasiones te ha hecho pasar malos ratos,
hoy quiere pedir perdón y expresar que los sentimientos
hablan a través de los años.

Si en verdad tú me quisieras

Fríamente esperaste otra vez a que te fallara,
para tomar el valor de liquidar lo que quedaba,
se agotó tu corazón de esperar que algún cambio llegará,
disputaste un sentimiento y al final no lograste nada.

Innumerables mentiras, las excusas no acababan,
tristemente se apagó la respiración y la luz de tu mirada,
sosegada en una prisión de engaños y falacias
se perdió la esperanza de seguir soñando a tu espalda.

Si en verdad tú me quisieras, salvarías este amor,
secarías del rostro las lágrimas que desgarran el corazón.
Fueron tantos los desprecios que alimentaron esta decisión,
levaré en los recuerdos aquel perfecto que tanto mintió.

Me agoté de esas miserias que compartíamos los dos,
la falta de afecto y la hambruna de besos sin control,
cuánto anhela un cuerpo las caricias del verdadero amor,
cuál es el precio de entregar todo y terminar en dolor.

Creo que por esta vez sobran las palabras y el alcohol,
algún día encontrarás el imbécil que se entregará con amor,
muerto yace en mis manos el veneno de tu adiós,
seguiré buscando por dentro lo que hoy ya se extinguió.
Si en verdad tú me quisieras, desaparecerías sin algún rencor.

Se sienta a mi lado

No sé cómo reseñar la aventura de laborar a tu lado,
me enseñaste a ser atrevido y afrontar los retos más demandantes,
con capacidad de entender mis falencias y aplacar mi ego elevado,
en ocasiones no sé cómo lo haces, día y noche trabajando de largo.

Siempre intentaré ver el mundo como tú lo haces,
cuando te conocí no percibí la basta inteligencia detrás de tus ojos,
eres lo inexplicable de un proceso y lo lógico de un hallazgo,
eres más que simple mal genio que agobia a un cordero manso.

En un pasado pude causarte dolor y lloriqueos fugaces,
pero de nada serviría este poema si esto no estuviese superado,
siempre en tu vida cuenta conmigo, amiga del asiento de al lado,
lo que hemos vivido juntos jamás será olvidarlo.

Cuando el mundo te falle, recuerda que ahí estaré para apoyarte,
cuando necesites un consejo, no dudes en buscar mi contacto,
el tiempo va caminando y aún sigo custodiando tus pasos,
ya no te sientas a mi lado... pero te quiero igual que en el pasado.

Gracias por las risas provocadas en silencios opacos,
gracias por tus lágrimas que enternecen mis actos,
por la magia de trabajar tantas jornadas a tu lado,
por cada maravilloso momento que me has otorgado.

Hoy que es tu cumpleaños

Hoy que es tu cumpleaños te deseo lo mejor,
anhelo que este día este impregnado de un único y mágico color,
que cumplas todos los sueños
que siempre has llevado en el corazón.
Espero que al apagar todas las velas no olvides
que eres mi más bella motivación.

Sabes que desde la primera vez que te vi, me enamoré sin control.
cada mañana es más hermosa pues siempre te tengo a mi lado,
es complejo tratar de explicar con palabras
lo mucho que te he amado,
soy muy feliz por celebrar este cumpleaños
como locos enamorados.

En mi calendario no hay otro día tan especial
como este que ha llegado,

es hermoso recordar que un día como hoy
nació un sentimiento inesperado,
eres la fiel muestra de que Dios entrega a este mundo
seres iluminados,
agradezco al destino por presentarme al ángel
del cual me he enamorado.

Deseo regalarte este simple poema y espero que quieras aceptarlo,
va desde lo más sincero de mi corazón, ojalá no vayas a olvidarlo.
Jamás te había escrito algo, pero hoy lo hago por tu cumpleaños,
son sublimes palabras de mi corazón
escritas con letra y tinta de mi linaje.

Eres tú la persona que amo,
una dama preciosa que camina siempre a mi lado,
en mi mente te llevo presente,
eres mi razón de vivir y lo que siempre había deseado.
Feliz cumpleaños, princesa de mi adoración,
eres la fragancia que inunda mi razón,
el mejor obsequio que te puedo conceder por el día de hoy:
es prometer que nunca dejaré de amar y respetar tu corazón.

Serás más que simple casualidad

No serás mi primer amor,
tampoco fuiste mi primer beso, pues de serlo,
hubiese sido algo perpetuo en mis recuerdos.

Mi primer beso yace solo como recuerdo,
no lo di por amor, lo di solo por ingenuo,
ahora anhelo un beso como inexperto,
aunque muchos labios besé en exceso.

Serás la primera ilusión que recordaré toda la vida
dos lunáticos que ambicionan una buena compañía,
algunas veces anhelo tenerte solo entre mis brazos,
otras, en cambio, besos y caricias desearía entregarte.

Recuerdo con tanto agrado el vértigo que siento a tu lado,
cómo tus dedos entrelazan los míos
cuando me miras fijamente y me haces sentir sonrojado.
En este mundo turbado, la edad es un tema complicado,
pues sueño seguir conociendo un ángel que del cielo ha bajado.

Tus besos traspasarán mi alma agobiada,
tu sonrisa será el medio para conservar la esperanza,
no entiendo por qué tu mirada me acecha,
si ya no soy adolescente y mi vida está casi resuelta.
Serás parte de una bonita época que apenas comienza.

Presiento que el tiempo se queda corto,
poseo un sentimiento que me tiene perplejo,
quisiera estar contigo y vivir el presente.
La verdad, el haberte conocido fue perfecto
al final... serás más que simple casualidad de lo incierto.

Verde amor de mi vida

¿Por qué comprendo lo que realmente es el verdadero amor?
porque sigo al mejor club del mundo desde que tengo uso de razón,
cómo te hago entender lo que sencillamente es una gran pasión,
sí jamás has experimentado lo que es ser un hincha de corazón.

El arrebato que en mi despierta ir a ver al equipo
de mi predilección
solo se compara con el furor de ver a una hinchada
que canta de emoción,
poder reír o poder llorar,
poner la fe en los colores que me incitan a respetar,
por mi equipo, el más campeón,
por el que llevo la camisa pegada al corazón.

Los domingos al estadio,
las banderas y paraguas siempre prestas a alentar
los cánticos que alientan a mi equipo son la única droga
que consumo sin parar.
Adquirir una entrada o viajar a otra ciudad,
son razones para jamás dejarle de alentar.

Defender el verde y blanco,
los colores que mis ancestros me enseñaron a respetar,
aunque muchos lo critiquen,
de mi parte siempre recibirás mi apoyo incondicional,
en toda campaña y jornada tendrás un hincha fiel

y ecuánime ante la adversidad,
eres el orgullo de mi ciudad,
eres simplemente el gran club Atlético Nacional.

Ahora se enterarán, que de verde y blanco se tiñe mi corazón
cada día un poco más,
a todas las canchas del país siempre te voy a seguir
como un hijo sigue la verdad,
no porque seas el más grande te respeto
y te admiro sin nunca echarme atrás,
solo déjame decirte que eres un millón de emociones juntas,
mi verde Nacional.

Salgo siempre desde el barrio camino al Atanasio
para disfrutar de algún clásico,
aunque ganes, pierdas o empates,
el pueblo y yo siempre te apoyamos.
Dime como entenderás lo que es el placer
si jamás apoyaste a un grande,
cómo saber que es la vida
si nunca sentiste tu región en tan solo un bando.

Fanático de corazón por seguir a un equipo
que con triunfos aviva una gran pasión,
sangre verde y blanca corren por mis venas,
hincha fiel de un equipo de primera,
te lo digo sin adular, importa poco el rival y mucho menos el lugar,
solo importa recodar que mi vida es el Cub Atlético Nacional.

Con tus colores en mi rostro,

el escudo en mi pecho y las bengalas en mis brazos,

deseo ser siempre un seguidor único que te siga

hasta que caiga celebrando:

verdolaga de corazón quiero morir por vos,

mi equipo grande y el más veces campeón.

¡Vamos mi verde, vamos!

que en cada partido hay una fiesta por ti en mi barrio.

Gracias totales por ser el equipo que trasciende fronteras,

por ser el club más importante que apoyaré hasta que muera.

Cuarto aparte

En aquel triste lugar, donde permanecí hospitalizado,

experimenté en carne propia el putrefacto olor del desamparo,

las inmensas dificultades por no ser asistido

como un simple ser humano,

el importante papel que desempeña el dinero

al momento de ser operado.

Postrado en un cuarto aparte, sin tener algún brote de comodidad,

comprendí lo importante que es la salud, el dinero y la amistad.

Mi rostro, con sangre oscura por el salpicar

de aquella herida sin sanar,

mis ojos, sin el sutil brillo desde que habité aquel cuarto particular.

En la triste soledad comprendí el ilusorio espejismo
que es la llamada amistad,
he oído ya bastante de lamentos, penas, llantos
y muy poco de bienestar,
de a poco naufragué en piélagos de lamentos
por aquel dolor descomunal.
Solo pido a Dios que me libre de algún día regresar
a un siniestro hospital.

Cuando estuve por caer existió un gran amor
que me logró socorrer,
me ayudó a vencer los temores mientras temía en desfallecer
si no flaqueé fue por ella, lo que superé solo fue gracias a ti,
mi protectora frente al frío en cada noche de soledad.

Cuarto aparte, espacio lúgubre, habitación del demonio,
qué hubiese sido de mí en aquel sitio sin ti, madre.

Hasta pronto

Difícil plasmar alegres versos con el alma afligida,
bello será siempre el recuerdo de tu llegada en mi vida,
mágicos momentos de excesos e inolvidables fantasías,
hoy, tristemente, ni un paso más daré en tu compañía:
me duele afrontar el suceso de aquel funesto día.

No es el adiós lo que tiene mi corazón en pedazos,
es el jamás haber valorado el diamante que tuve a mi lado.

Me lastima recordar las lágrimas que por mí has derramado,
tantos recuerdos gratos y ahora todo ha culminado.
Me aflige recordar el aroma de tu piel que no he olvidado.

Quizás el mañana nos reencuentre como dos locos enamorados
o tal vez el futuro dicté que nunca más estés a mi lado.
Solo espero que recuerdes que a Dios estaré orando,
clamando porque cada beso tuyo este en buenos labios,
que ni una lágrima más derrame tu corazón adorado.

Lamento haber decepcionado un sentimiento firme y mesurado,
debería sentirme culpable o dejar esto al juez que está en lo alto.
Cambiaste mi vida y te convertiste en un sentimiento inexplorado,
espero que no sea tarde cuando este ciego vea lo que ha pasado,
soy un soñador que anhela que renazca el amor que ha expirado.

De rodillas pido perdón por todo el dolor que he causado,
por no haber dejado huella sino cicatrices en tu pasado,
mi último obsequio es el respeto
que con esta decisión se ha tomado.

Por Si Me Viene A Buscar

Por si me viene a buscar
quiero caminar una montaña más,
visitar un viejo río escondido
y navegarlo sin mirar atrás.

Abrir los ojos y ver el alba al despertar,
besar a quien me dio la vida
y abrazar a mi noble viejo inmortal.
Salir de casa y respirar sin dificultad,
compartir con mi princesa hermosa
momentos mágicos y jamás dejar de orar.

Por si me viene a buscar
me gustaría recuperar la figura,
alimentar más el alma y bailar a solas,
estoy cansado de ser valiente
de reparar las ruinas en mi piel.
Quiero descansar de esta adversidad
y dejar reposar mi cuerpo una vez más.

Sólo yo sé lo importante que es la salud,
a palabras ajenas jamás lo aprendí.
tantas páginas en blanco sin poesía,
innumerables fantasías no escritas.
Los recuerdos serán la llama infinita,
su amor, será el sustento para la agonía.

Por si me viene a buscar
no quiero una luna en llanto,
deseo un millón de risas al viento,
que mis cabellos toquen los hombros,
que mis ojos brillen como mar en canto,
que mis amigos del alma me den su arte.

Si me vuelve a buscar espero no estar,
sí por desventura me llega a encontrar...
espero algún día verlos allá.

Noble viejo adorado

Un día gris de invierno le escribo a mi padre:
de niño era humilde su bohío y pobre su legado,
su ropa desgastada y sus pies descalzos,
las manos ásperas de labrar los campos.

Siempre trabajando bajo un sol despiadado,
floreciendo los campos y arriando el ganado.
Padre... noble campesino, mi viejo adorado,
que con sudor forjó un futuro soñado.

Ahora con cabellos blancos me habla cansado,
sus pasos lentos, los camina ahora a mi lado,
con algunas arrugas que el viento le ha causado,
con una vida colmada de anécdotas y regalos.

Un pasado que vive con historias sin tiempo,
los consejos sabios de muchos veranos inciertos,
un cuerpo firme y pesado por los manjares probados,
con casi un centenar de años encima y aún está a mi lado.

Hoy no repite las historias que siempre ha contado,
la luz de su mirada, poco a poco se ha apagado,

como un roble siempre fuerte de madera tallada,
elegante al cabalgar, un chalán vasto es mi padre.

Con orgullo llevo tu nombre al igual que tu apellido,
conformaste un bello hogar y te estoy agradecido,
eres mi viejo adorado, el mejor padre que anhela un hijo,
aquel que me dio la vida y que por siempre estará conmigo.

© 2020 Fotografía de Antonio Echeverri (Padre)

Vuelve un amigo

No tengo palabras para expresar lo que siento al mirarte,
ni tengo reproches al preguntar por qué te marchaste,
solo puedo aceptar que ahora regresas y deseas quedarte.

Te alejaste por un periodo de tiempo y soltaste mi mano,
no pude evitar ofenderme y sentirme desahuciado,
deseé llorar a tu lado cuando en tu vida todo había cambiado,
algún día fuiste mi amigo y dichosamente hoy regresas renovado.

Contigo ahora sonrío y en tus brazos encuentro un hermano,
bendigo el día que decidiste volver donde tu amigo olvidado,
volver a perseguir sueños que forjarán momentos inesperados,
saber que somos amigos desde aquel recuerdo mágico del pasado.

Amigo, vuelves y descubres que nada realmente ha cambiado,
jamás estuve tan solo, ya que en mi corazón siempre has estado,
cuando en ocasiones pienso en aquel día que te fuiste de mi lado,
comprendo que hasta el ser más fiel necesita de un descanso.

Qué fácil es volver a encontrarse con un amigo que estuvo alejado,
la amistad poco a poco renace y tiende a límites inesperados,
no a cualquiera en la vida como amigo puede ser llamado,
más a un verdadero amigo se le puede considerar un hermano.

Después de tanto tiempo atrás, hoy regresa una gran amistad
aquella, que alguna vez partió y tristemente no dijo adiós,

no logro entender cómo un amigo renuncia a lo que se vivió.
Cada cual toma decisiones en búsqueda de estar mejor.

Los recuerdos de la sublime amistad vuelven hoy a ser realidad,
entre el abandono y el tiempo renace un amigo especial,
en el temple de la cordura del pasado que ya no está,
el camino marca un presente de una gran amistad.

Huella y Destino

La estrella del destino ha dejado huella en el corazón,
a la luz de tu sonrisa es imposible no prestarle atención,
atrapado estoy en la eternidad de tu mirada,
anonadado por el resplandor de la luz en tu sonrisa
¿sacrificarías el alma por un anochecer en mi compañía?

¡Tarde llegué, cerca estoy! ¿Qué puedo hacer?
entre los dedos reside un sello prohibido de romper,
la cordura expira cuando tu piel está cerca,
el invierno es hoguera cuando miro tus piernas,
solo en sueños comparto tu almohada,
solo en rimas se expresa lo que los labios callan.

Pronto todo ocurrirá, dejaré huella a través de tu señal,
trato de describir con sinceridad la cruel realidad,
no pretendo que nadie se entere, nadie entenderá:
un corazón amordazado solo clama por gritar,
deja atrás los temores y vive la magia de lo inusual.

Quién entiende de sed si aún no ha estado contigo,

bendigo a quien ha navegado en tu cuerpo prohibido,

sin tiempo para perder, sin alma por desperdiciar,

tu falta de atención destroza vilmente el corazón.

Escucha el interior, atiende los deseos de este servidor.

Eres calvario de pasión que destroza la razón,

no temas a la eternidad por exponer tu sensualidad,

no condiciones tu cuerpo por creer en suciedad,

redime los excesos que se cruzan por tu mente,

eres fruto ajeno digno de siempre cortejar.

Tu último amor

Gracias por reprender mi excesivo aprecio que poseo,

por ignorar que algunas veces se me hace tan difícil manifestar

las palabras que en muchas ocasiones quisiera decirte sin descanso.

Cuando recuerdo aquellas viejas experiencias de mi pasado

comprendo que tristemente habitan fantasmas que no he olvidado,

que perturbarán mi confuso y débil corazón agobiado.

Quiero que hoy seas parte de mi vida, dos cuerpos un solo corazón.

Largos se hacen los días cuando pienso en tu sonrisa y tu voz.

Hoy solo tengo para otorgarte estos simples versos que brotan

desde lo más profundo de mi apacible y mal herido corazón,

versos que claman por una princesa que ha turbado mi razón.

Se mis ojos cuando no puedan ver más allá de lo evidente,
utiliza mis labios como oxigeno cuando tus pulmones
necesiten algo más que el aire para poder respirar,
siente mi cuerpo cuando mis brazos te sujeten cada verano,
seamos almas gemelas que por fin se han encontrado.

Se mi sueño como si por siempre yo te hubiese soñado,
un sueño que brille en tus ojos y cruce a mis labios abandonados,
hazme sentir en una mentira,
que solo tú en realidad puedes transformarlo.

Ser única como mujer no es sustento para ser indiferente y cruel
cuando un corazón cae, necesita de un buen aliento para levantarlo
el amparo de tus falencias, un simple hombre puede soportarlo.
Soy quien te enseñará a amar sin herir o dejar un trágico pasado.

Como un ave fénix siento un fuego que me hace renacer,
como el agua permanezco en calma cuando percibo tu piel,
como brasa arden mis labios por no deleitarlos de todo tu ser,
como los buenos amigos… déjame ser tu último amor:
no será el primero, pero será el que cautivará el corazón.

Plegaria de Navidad

El sufrimiento necesita de apoyo en esta fecha tan especial,
el mejor deseo es volver el tiempo atrás.
Niño Jesús, otorgarles tanta salud como agua salada tiene el mar.

Noches blancas de hospital,
concédeles la paz tú que escuchas lágrimas e impartes sanidad,
ven a casa este mes que con heridas recibiremos la navidad.

Para familia y amigos una gloriosa noche de paz y amor,
para el amor de mi herida, que Dios la colme de bendiciones,
que no olvide que nació para conmigo estar hoy.

Reza siempre por aquellos cuya navidad
no estará llena de felicidad,
haz una oración por todos los que pasarán
una noche de pena y soledad,
brinda por los que afuera de tu ventana
solo anhelan vivir un nuevo ocaso de tranquilidad.

Por eso y muchas historias más...
ten un gozo de felicidad al saber
que el niño que siempre ha de llegar,
nacerá un tu corazón una vez más.

Celos por tu amor

Si imagino que eres ajena y estás con otro en mi lugar,
siento un sentimiento extraño que me enloquece al pensar,
jamás aprenderé a controlar el disgusto al no saber en dónde estas,
debo entender que nunca has pensado en ocupar con otro mi lugar.

Celos por tu amor que prejuician mi vida,
por creer que existe otro amor.
Sin algún motivo real se amarga la vida de aquel
que solo vive para amar,
vivir con temores son solo signos de inseguridad
por no saber dialogar,
no fiarte de la sociedad es la clave para no afectar la tranquilidad.

En ocasiones te hieren, en otras lastimas
y algunas veces te hacen enloquecer,
malditos celos que posiblemente algún día, por ellos, he de perecer,
envenenan mi tranquilidad cada vez que a mi lado ya no estás,
es una triste obsesión que quema mis venas
y perturba mi tranquilidad.

Me vuelvo un loco irracional que calma su malestar
cuando a mi lado estás,
pretender que eres de mi propiedad
es lo que alimenta mi turbia oscuridad,
son los celos por tu amor un calvario que solo vive en mi interior,
son puñales a mi corazón que aniquilan la razón
por ser demente de un amor.

Muero de celos al creer que alguien se enamore de ti
y te haga estremecer, te deslumbre y te confunda
y de mi parte jamás te vea volver,
siento celos y recelo, más sé que de ti nunca debo desconfiar,
la fidelidad es ardua cuando el pasado presume que vuelvas a fallar.

Son los celos como el miedo que aparecen de la nada
y te frustran la razón,
siento celos y más celos a los ojos de amigos
que te miran con placer,
en ocasiones queman como el fuego y en otras hielan toda tu piel,
son como sombras de la huella que va dejando un amor a tus pies.

Celos por el viento que roza tu delicada piel y te hace sentir bien,
celos por el prado donde tu cuerpo reposa y debilita todo tu ser,
celos enfermizos que exageran pensamientos
hasta hacerme enmudecer,
sentir celos por tu amor me recuerda
que eres mi único y gran amor,
son los celos un sentimiento incomodo necesario
para estar con vos.

Al límite de la existencia

¿Qué esconde un cuerpo en heridas
de noches en desvelo y ansiedad,
inquietudes entre lágrimas rojas
de un crepúsculo en soledad?

Te escuché carcajearte de la vida,
del daño agónico que carcome sin parar,
anhelo avivar todos tus sentidos
para encontrar la cura a este cruel malestar.

Aparta de tu vida la mirada a este mal,
tarde o temprano él partirá.
Quien a Dios tiene en su corazón,
todo engendro cancerígeno huirá.

Quiero verte de nuevo sonreír,
curado de aquella alimaña fatal,
liberado de las cadenas del odio
y dispuesto a renacer… una vez más.

Vamos a luchar, será una batalla difícil,
pero valdrá la pena combatir este mal.
Al final, despertarás de este mal sueño
que alguna vez recordarás y sonreirás.

La fuerza vencerá lo que hoy no deja respirar,
la fe en lo divino es la clave para ganar,
hemos vencido otras batallas complejas,
esta solo será una más

Sensata decisión

Cómo tomar una sensata decisión si ya pretendes olvidar.
En cualquier calendario que consultes, mis ojos estarán.
El destino permitió iniciar algo a lo que hoy ya no es igual.
Si decido partir o quedarme, es difícil de explicar.

Irreemplazable e inexplicable es lo ilógico de tu verdad,
quien se arrepiente del tiempo vivido no es digno de admirar,
sí intentas desvanecer el vestigio del amor que te entregué
déjame decirte que hasta un adiós no sería cruel.

Este no será mi último poema que dedique a una joven mujer
la verdad no fuiste la primera y no creo que llegaras a mí vejes,
es difícil ver a través del velo que oculta tu extraña imaginación
piensa en mí como aquel que está tatuado en tu corazón.

Desnudé tu alma, mientras otros deseaban tu piel,
te acostumbraste a intensos besos y noches de placer,
la tradición más hermosa es aquella que se crea del amor.

Algunos ríen y mofan de placer por creerse especiales,
en mi obra de teatro son muy pocos los que pueden actuar,
en mundos diferentes solo polos opuestos logran sobrevivir,
la felicidad va más allá de fantasear con un edén irreal.

En cenizas solo queda aquello que jamás puede volver,
un corazón sincero no está diseñado para vivir y renacer.
La claridad de los hechos vale más que los escritos,
del tiempo pasado solo Dios fue testigo.

Existe mucho por pensar y demasiado por mejorar,
el silencio no dice mucho cuando hay palabras a explicar,
mi respuesta la quiero expresar en términos de libertad:
dejaré que el matiz de lo incierto hable una vez más.

Oportunidades jamás vividas

Los gratos momentos no suelen volver jamás,
las oportunidades son valiosas cuando se han dejado atrás,
los instantes se desvanecen en lúgubres remembranzas perdidas,
perder para algunos puede significar un gran triunfo en la vida.

El verano que dejamos atrás, nunca más regresará
el tiempo desperdiciado, la vejez lo cobrará sin reparo;
las oportunidades perdidas son como tragedias vividas,
son perder lo que posiblemente nos llenaría de inmensa alegría.

En ocasiones la vida nos enriquece con grandes expectativas,
cantan las golondrinas que deambulan felices todos los días,
desechamos a cada instante oportunidades de inmensa sabiduría,
valoramos tarde lo que algún día seán momentos de fantasía.

Desperdiciar la vida causa un inmenso dolor y gran agonía,
fallar da igual cuando pensamos que nada mejor llegará algún día,
lamentarse por algo dejado atrás
es reprimir algo que jamás volverá,
es generar falsas expectativas por algo que nunca más será.

Las oportunidades jamás vividas nos enseñan a valorar
lo importante que es la vida,
se debe vivir sin malgastar la magia que nos obsequia
el sol todos los días.

Comprender que los retos son parte importante "de aquel"
que no sigue filosofía.
Vive cada oportunidad como si fuese la última
que tendrás mientras vivas.

En navidad no me olvido

Está próxima la navidad
nostalgia corre por mis venas,
años atrás pedaleando a la par,
hoy tu ausencia me hace sollozar,
sufro al ver al niño en el portal.
No existe consuelo, te extraño más.

No te asombres al verme suspirar
siempre pasará en navidad,
es la mustia noche buena:
removiendo sentimientos,
despertando tu recuerdo,
sacudiendo lo vivido.

Nadie suplirá tu lugar;
en navidad te pienso, no me olvido.

El mito del ave fénix

Mítica ave de fuego que nace en el calor de las brasas,
con virtud de verter lágrimas curativas para algún detrimento,
domina los cielos, con su plumaje real, deslumbrando los pueblos,
con fuerza sobrenatural para conquistar cualquier enfrentamiento,
posee control sobre el fuego y una gran resistencia como el acero.

Ave legendaria que fallece consumida por acción del fuego,
para luego resurgir de sus cenizas y emprender un nuevo vuelo,
su color rojizo con cola de rubio metal y un hermoso pecho,
con el batir de sus alas doradas logra conquistar tierra, mar y cielo;
es único en su especie, al ser su propio padre y único heredero,
obtiene vida eterna con el favor de cada uno de sus decesos.

Cuantas veces sea necesario, es deber subsistir como el ave fénix,
jamás permanecer en el fango de los problemas y desasosiegos,
convertir cada lágrima en un despliegue de alas de aliento,
renacer con un renovado espíritu de acero por cada deceso,
vivir con una nueva ilusión y regresar vencedor del infierno.

Surcar el firmamento estrellado como la leyenda del ave fénix,
dejar que el fuego consuma todo el pasado
y repare lo descompuesto,
purificar siempre el alma con el fuego sagrado
de cenizas del pasado,
aliviar todo dolor con el vigor de la chispa que recorre los átomos,
que por las venas corra la salud

que por siglos lo mortal ha codiciado.

El fin siempre asechará,
pero un nuevo principio llegará apresurado,
fomentar una esencia inmortal
y mantener siempre vivo el coraje,
obtener una nueva oportunidad de vida
hallando un nuevo equipaje,
el ser humano es único y especial como lo es esta ave admirable.
Si has de caer vencido, recuerda renacer de forma interminable.

© 2020 Dibujo realizado por el autor.

Frases Cortas

- "El arte de amar es único y tiene todo lo que se necesita para superar la prueba del tiempo"

- "No soy una mala persona, pero tengo una hermosa colección de defectos. Estoy corrompido. Soy débil, sensual, comodón y no me privo de nada. Soy tan blando y burlesco que no comprendo como he podido llegar a ser exitoso y, sobre todo, un amante que cumple con su deber"

- "Nada de lo que fui vuelvo a ser, los cambios del presente no son por amor... exclusivamente fueron por dolor"

- "A veces duele como el infierno, otras en cambio, satisface como el paraíso, tal vez mi corazón está tratando de decirme algo... Tan fuerte, tan extraño. Tal vez me esté acostumbrando a ti, quizás me estoy enamorando de ti. Creo que esta vez se siente como si fuera Amor."

- "Lo cimentado en el ayer, por más que lastime, simplemente fue diversión. Quien se marcha sin aflicción, realmente no amó".

- "Si algún día te quedas sin mí; jamás permitas que la soledad te lleve de regreso a esas personas tóxicas que en realidad nunca te hicieron feliz"

- "Si por cada frase que escribo, te hago sentir especial... Prometo escribirte versos por siempre".

- "De rodillas pido perdón por todo el dolor que causé en tu corazón, por no haber dejado huella sino cicatrices en un pasado que hace tiempo se extinguió"

- "Solo anhelo envejecer, jamás perder la curiosidad y lucir una cabellera nevada; de ser posible... Contigo"

- "Suicidio, es enamorarse de alguien que creíste haber tenido y que nunca llegarás a tener"

- "Lamentarás llegar a anciano sin ella... Te carcomerá la mente saber que jamás lograste otorgarle una noche de intensa pasión, te consolará solo el hiriente recuerdo de su traición y la cruel realidad de que nunca te amo"

- "¡Me encantas! porque veo a Dios cada vez que sonríes y al demonio cuando habitas en mi cama"

- "Te observo y la verdad no entiendo cómo nadie supo enamorarte hasta los huesos, enseñarte a ser libre y a devorar con pasión tu delicioso cuerpo"

- "Sigo esperando que un ángel llame a mi puerta, que me ayude a entender si soy feliz hoy o volveré a estar triste mañana... Quizás nunca cambiarán las cosas y solo el tiempo pueda contestar mis lágrimas"

- "Tarde comprendiste que el tiempo se agota, antes de corazón preso; ahora libre y feliz como las olas. Lo irónico es que a él le va a tocar peor, cuando te vea conmigo y comprenda que su tiempo jamás importo"

- "Corteja la vida, emparéjate con la alegría, sobrepasa cualquier dolor y pon a vibrar tu cuerpo de amor... Si no es suficiente habla con Dios; él es vida, alegría y amor"

- "Para ser amigos... Debimos ser compañeros, para ser amantes... Resolvimos ser infieles, para ser pareja... Acordamos ser honestos, y para siempre... Tendríamos que estar dementes"

- "Han pasado meses en tu ausencia, los versos escritos a tu nombre en el pasado... Hoy pesan más con el tiempo".

- Al final, la belleza no se hallaba en su rostro, lo más valioso de ella se encontraba en su alma.

- "Siempre seré tu amigo, mi amor nunca terminará, estaré a tu lado... Hasta que la muerte haga su trabajo"

- "¡Es cierto! Tengo un gran defecto, me gusta vanagloriarme de lo satisfecha que eres en mi presente y recordarte lo desventurada que fuiste en su pasado"